마음이
마음대로
안될 때

−나의 가을님에게

상담실 앞을 서성이는 당신에게 보내는 편지

마음이
마음대로
안될 때

나의 가을님에게

이경애 지음

인간사랑

차례

1장 우리의 만남 – 당신을 알아가는 중입니다

2장 │ 고통의 이름 – 마음을 이해하는 중입니다

3장 | 관계의 법칙 – 따로 또 같이 나아갑니다

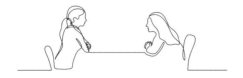

4장 마음의 발견 – 나 사용 설명서를 만듭니다

만남이 힘이 될 수 있을까

가깝게 지내는 지인이 시간 날 때 커피나 한 잔 하자고 합니다. 한동안 연락이 뜸했는데 무슨 고민이 생긴 게 아닐까 싶습니다. 상담을 한다고 하니 주변에서 어려움이 있을 때 종종 연락을 해옵니다. 전문가이니 도움 될 만한 얘기를 해줄지 모른다는 기대가 있을 겁니다. 복잡한 문제가 아니라면 가벼운 수다만으로도 마음이 후련해집니다. 그러나 한 번의 만남으로 해결되지 않는 문제들도 있습니다. 그럴 때 심리 상담을 권합니다. 아는 분과는 상담할 수 없어 다른 상담자를 소개해 드립니다.

누구나 살면서 막다른 길에 혼자 서 있는 기분이 들 때가 있습니다. 아무리 궁리해도 벗어날 길이 없어 보이고, 애를 쓰고 발

버둥 쳐봐도 제자리를 맴도는 기분. 미궁에 빠진 듯 막막하기만 합니다. 반복되는 가족과의 갈등, 대인 관계에서 느끼는 불편함, 직업이나 학업의 어려움, 우울감, 불안, 분노, 죽음 등 사연은 다양합니다. 주변에 얘기를 들어줄 사람이 있으면 그래도 다행입니다. 그러나 가까운 누구에게도 털어놓기 어렵고, 도움받기 힘든 문제도 있습니다. 돕고 싶은 마음이 지나쳐 오히려 부담이 되는 경우도 있습니다.

그래서 '전문가에게 상담을 한 번 받아볼까' 문득 생각해 보게 됩니다. 인터넷을 뒤져보고, 주변 사람들에게 물어보기도 합니다. 그래도 막상 상담을 받으러 가는 건 쉽지 않습니다.

상담은 어떻게 하는 걸까, 생판 모르는 남에게 얘기하는 게 불편하진 않을까, 애당초 내 문제를 남이 도와줄 수 있나, 혹시 누가 알게 되면 이상하게 보지 않을까, 온갖 생각이 들면서 망설이게 됩니다.

시간이 흐르면서 자연스럽게 문제가 해결되거나 살만해지면 다행입니다. 그러나 상처가 곪아 상황이 악화되기도 합니다. 모든 문제가 저절로 나아지는 건 아니니까요.

몸이 아플 때 우리는 약을 먹거나 병원에 가기도 하고, 무엇이 문제인지 돌아보며 나를 살핍니다. 그런데 마음이 아프고 힘든 데는 무심합니다. 마음은 몸의 증상처럼 겉으로 잘 드러나지 않으니 아픈지 모르기도 합니다. 마음은 아픈 게 아니라 나약할 뿐이라는 생각도 방해가 됩니다.

　삶은 누구에게나 쉽지 않습니다. 저도 제 인생이 어렵습니다. 상담자이니까 제 문제는 척척 해결할 것 같지만 그렇지만도 않습니다. 제 문제나 가족 문제에 대해서는 너무 몰입해 있다 보니 시야가 좁아지고, 객관적이기 어렵기 때문입니다. 그래서 저도 전문가의 도움을 받기도 합니다.

　글을 쓰면서 제가 만난 내담자(상담을 받는 사람들)들을 떠올려 보았습니다. 그분들의 얘기를 들으며 가슴이 먹먹하기도 했고, 함께 걱정하며 안타까운 날도 있었습니다. 그러나 희망 또한 발견했습니다. 함께 위안을 얻었고, 뜻밖의 순간에 같이 웃음을 터뜨리기도 했습니다.

　삶은 알 수 없는 방식으로 우리를 무너뜨리기도 일으켜 세우기도 합니다. 어디서 저런 힘과 용기가 나왔을까 진심으로 감탄하고 존경하기도 했습니다. 잠시 길을 잃거나 절망에 빠졌을지 모르지만, 많은 분들이 놀라운 힘으로 회복하고 성장하는 모습을 지켜보았습니다.

　좌절의 순간에도 삶을 놓지 않고, 상담이라는 낯선 경험에 뛰어들어 주셨던 용기 있는 분들. 그분들과 함께 하는 경험은 제게도 감사한 시간이었습니다.

　이제부터 들려드릴 이야기는 가을님이라는 가상의 내담자

에게 보내는 편지입니다. 가을님은 제가 만났던 모든 내담자들이고, 앞으로 만나게 될 분들입니다. 또한 제 자신이기도 합니다. 상담을 하면서 들은 이야기들을 떠올리며 가을님께 편지를 씁니다. 사례로 소개한 사연들은 특정한 개인의 신상이 노출되지 않도록 각색을 하거나 때로는 창작했습니다. 누구나 한 번쯤 고민해봄직한 사연들을 담았습니다. 상담자를 만나 얘기 나눠 보고, 맛보기 상담을 체험해 보는 느낌을 받으셨으면 좋겠습니다.

그동안 인상 깊게 보았던 영화나, 드라마, 책의 내용도 풍부하게 인용하여 사례에 대한 이해를 돕고자 했습니다. 상담에서는 잘 드러내지 않는 제 이야기들도 담았습니다. 내담자로서의 경험과, 불완전한 개인으로서 제 이야기가 상담에 대한 마음의 거리를 좁히는데 도움이 되었으면 합니다.

인생에 정답은 없습니다. 때로는 누군가 명쾌한 해답을 알려주고, 나아갈 길을 알려주면 좋겠다 싶을 때도 있습니다. 통제 불가능하고, 불확실한 것들은 우리를 불안하게 만듭니다. 그러나 모호한 상황을 인내하고 통과하며 우리는 방법을 찾아냅니다. 누구도 알려줄 수 없는 당신만의 길입니다.

많은 분들과 함께 고민하며 알게 된 귀한 이야기들을 나누고자 합니다. 오랜 친구와 마주 앉은 기분으로 들어주세요.

1장

우리의 만남-당신을 알아가는 중입니다

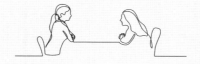

"타인의 창을 통해 바라보라.
당신의 내담자가 보는 세상을 볼 수 있도록 노력하라."
− 『치료의 선물』 중에서 −

상담은 처음인가요
심리상담이 궁금한 당신에게

가을님. 오늘 당신을 처음 만났습니다. 당신은 상담이 처음이라고 하셨죠. 요즘 들어 감정 기복이 심하고, 매사에 의욕이 없고, 기분이 다운된다고 하셨어요. 아침이면 출근을 해야 하니 어쩔 수 없이 무거운 몸을 일으키고, 저녁에 퇴근하면 만사 다 귀찮아서 누워 있고만 싶다고요. 사소한 일에도 쉽게 짜증이 나서 남편과도 자꾸 다투게 되신다고요. 회사에서는 일에 집중이 안 되고, 집에서는 회사 생각이 자꾸 떠오르고. 가슴이 답답하고 두근거릴 때도 종종 있다고 하셨습니다. 생각이 많아 새벽까지 잠을 이루지 못할 때가 많고, 그래서인지 늘 피곤하시다고요.

당신은 얘기할 때 저를 잘 쳐다보지 않습니다. 책상 너머 허공 어딘가에 시선이 머물렀다가 가끔 한 번씩 동의를 구하듯 살짝 눈을 마주칩니다. 처음 만나는 사람과 한 시간이나 마주 앉아 얘기를 하자니 참 어색하실 거예요. 낯을 가리는 성격이라면 더욱 쉽지 않죠. 게다가 누구에게도 잘 꺼내지 않았던 속마음을 털어 놓는다는 게 어디 쉬운 일입니까.

저도 상담을 받아 본 적이 있습니다. 처음 상담을 받으러 가던 날을 지금도 기억합니다. 지하철역에서 상담실이 있는 건물까지 걸으며 긴장했던 느낌을요. 약속 시간에 혹시 늦지는 않을까, 아니면 주책맞게 너무 일찍 도착해서 곤란하지 않을까 신경이 쓰여 자꾸 시계를 보았습니다. 상담실에 들어가기 전 화장실에 들러 거울을 보며 긴장된 얼굴에 억지 미소를 떠올려 보기도 했습니다.

크지도 작지도 않은 상담실에는 심리학책들이 빼곡히 꽂힌 서가가 있었습니다. 상담자와 제가 마주 앉은 소파 사이에는 낮은 테이블이 놓여 있었고요. 그게 영 불편했던 기억이 납니다. 배도 못 가리고, 앉은 자세가 고스란히 드러나는 낮은 티테이블. 자꾸 옷매무새를 정리하며 단정하게 앉으려고 신경 썼던 게 기억납니다.

안경 너머로 조용히 나를 바라보며, 뭔가를 계속 메모하시던 상담 선생님의 모습도 떠오릅니다. 뭘 저렇게 적으실까, 뭐라고 쓰시는 걸까 궁금했습니다.

상담자인 저도 상담할 때 메모를 합니다. 이야기를 들으며 중요하다고 생각되는 일이나, 내담자의 감정이 느껴지는 표현, 들으면서 떠오르는 저의 느낌, 기억해 두거나 확인할 것 등을 적어 둡니다. 메모한 내용은 상담 후에 읽어보기도 하고, 다음 상담 전에 다시 살펴보며 계획을 세우기도 합니다. 그래서 상담 사이에 잠시 비는 시간이 필요합니다. 한 사람의 세계로 들어가기 위한 워밍업이라고 할까요.

그동안 제가 본 상담실에는 소파보다 책상이 놓여있는 경우가 많았습니다. 영화에서 본 서양의 상담실에는 안락한 소파가 있는 걸 보았습니다. 서로의 모습을 더 자세히 볼 수 있을 것도 같고, 앉았을 때 자세가 조금 더 편안하게 이완될 것 같기도 합니다. 우리나라 사람들은 적당히 몸을 가려주는 책상을 더 편하게 느낀다는 얘기를 들은 적이 있습니다. 가을님은 어떻게 느끼시나요?

우리는 마스크도 씁니다. 첫 만남부터 눈만 빼꼼히 내놓고 만나야 하는 게 정말 안타깝습니다. 서로의 표정을 자세히 읽을 수가 없습니다. 우리는 생각보다 많은 말을 표정과 몸짓 같은 비언어적 의사소통으로 합니다. 그래서 당신의 얼굴을 제대로 볼 수 없는 건 치명적인 애로 사항입니다. 전 당신이 말할 때 미세한 떨림도 놓치지 않도록 더욱 집중해야 합니다.

마스크를 쓴 제가 당신에겐 어떻게 느껴질까요? 상담자가 어떤 사람인지 궁금하셨을 텐데요. 어떻게 생겼는지도 잘 모르겠고, 어떤 표정을 짓고 있는지도 안 보이고, 너무 거리감이 느껴지지 않았을까 모르겠습니다.

예전에 제가 상담을 받던 첫 시간인지, 한두 회기가 지난 후였는지 모르겠습니다. 상담자 선생님이 그림 한 장을 보여 주셨습니다. 뭐가 보이는지 말해 보라고 하시더군요. 산속에 개울이 있고 나무도 있는 흑백 그림이었습니다. 그냥 보이는 걸 말하면 되는데 조금 긴장했던 기억이 납니다. 이게 보인다고 말하면 이상한 사람이 되는 건 아닐까, 봐야 하는데 못 보는 게 있으면 어쩌지.

그 후 미술치료 워크숍에 갔을 때도 비슷한 경험을 했습니다. 낙서 같은 난화를 그리면서 보이는 것을 찾아보라는 요청을 받았습니다. 대답을 하자 제 얼굴을 한 번 쳐다보고 고개를 끄덕이던 리더 선생님의 표정이 기억납니다. 뭔가 알겠다는 듯 아리송한 표정이었죠.

처음 두세 번의 상담 시간에 상담자들은 내담자(상담을 받는 사람)에 대한 밑그림을 그리고자 합니다. 밑그림은 내담자에게 들은 얘기와 심리검사 결과 등을 토대로 이루어집니다. 현재 겪고 있는 어려움을 개략적으로 파악하여 앞으로의 상담 계획을 세우기 위한 것입니다. 물론 이 밑그림은 이후 상담이 진행되면서 계속해서 수정되고 보완됩니다.

그런데 막상 내담자의 자리에 앉아보면 이것저것 물어보는 상담자 앞에서 긴장되거나 불편할 수 있습니다. 나의 어떤 모습이 드러날까 두렵기도 하죠. 당연한 일입니다.

이렇게 한번 생각해보면 어떨까요. 우리는 몸이 아파서 병원에 갈 때 어디가 아픈지 상세히 얘기합니다. 어떤 증세가 있었냐, 혹시 이런저런 증상은 없었냐 꼼꼼히 물어주는 의사를 만나면 마음이 놓입니다. 물론 아픈 마음을 펼쳐 보이는 건 몸의 증상보다 설명하기 어렵습니다. 몸이 아픈 건 내 잘못으로 느껴지지 않는데, 마음이 아픈 건 어쩐지 약점을 들키는 기분이 들기도 합니다. 때로는 어디가 아픈지 스스로도 잘 몰라 더욱 어렵게 느껴집니다.

'남들은 다 잘만 사는 것 같은데, 난 왜 이 모양일까요. 정말 한심하고 못난 것 같아요…' 상담이 끝나기 전 고개를 떨구며 당신이 말할 때 제 마음도 찌르르 아파왔습니다. 가을님, 당신이 한심하고 못난 게 아니에요. 지금 잠시 방향을 잃고 혼란스러울 뿐입니다. 체력이 떨어지면 몸이 아파질 수 있는 것처럼 마음이 약해진 것뿐이에요. 살면서 누구나 그럴 때가 있습니다.

지금부터 우리는 함께 당신의 아픈 곳, 힘든 구석을 살펴보려고 합니다. 당신이 상담을 받겠다고 마음먹은 순간, 어렵게 상담실을 찾아온 지금 변화는 이미 시작됐습니다.

이제부터 시작될 당신 삶의 이야기를 저도 귀 기울여 정성껏 듣겠습니다. 만날수록 저는 당신을 알아 갈 거고, 그러는 동안 당신도 스스로를 이해하게 될 겁니다. 아프기도 소중하기도 할 당신의 모든 순간, 한 사람의 역사를 만난다는 건 제게도 정말 귀한 일입니다.

어떤 상담자를 바라시나요
당신에게 맞는 상담자

상담에 오기 전 가을님은 어떤 상담자를 원하셨나요? 사람들마다 선호하는 상담자가 조금 다를 텐데요. 가을님은 상담자에게 어떤 기대를 하셨을까요. 따뜻하게 위로가 되어주는 상담자? 문제를 예리하게 분석해내고 방향을 잘 제시해 주는 상담자?

정신분석 상담에서는 가급적 상담자의 영향력을 줄이고자 합니다. 내담자의 자유 연상에 방해가 되지 않도록 내담자는 카우치에 편하게 눕고, 상담자는 내담자의 시야에 들어오지 않도록 앉는 것이 정석입니다.

요즘은 대부분의 상담자들이 내담자와 마주 앉습니다. 두 사람 간의 느낌과 상호작용을 상담에 적극 활용합니다. 상담자와의 관계에서 느껴지는 감정, 소통하는 방식은 일상생활에서 드러나는 내담자의 대인관계 양식을 반영합니다.

몇 년 전 아이들 사이에서 스마트폰 채팅 프로그램이 유행한 적이 있습니다. 말을 걸면 사람이 답을 하듯 프로그램된 문자가 오갑니다.

'오늘 기분이 어때?' 물으면 '나는 괜찮아 고마워, 너는 어떠니?'라고 답하고, '너 바보 아니야?'라고 하면 '바보라니 정말 너무하네. 섭섭해.' 이런 식으로 대화가 오갑니다. 그때만 해도 아직 기술이 단순해서 아이들도 단조로운 대화에 금방 싫증을 냈던 것 같습니다.

영국 드라마 〈휴먼스(Humans)〉는 인공지능로봇이 상용화되어 각 가정에 보급된 미래를 그렸습니다. 진공청소기나 식기세척기를 사듯 사람들은 인공지능을 구매합니다. 로봇은 가사도우미로 청소하고, 밥 짓고, 아이를 돌보며, 외로운 노인에게 살가운 아들 노릇을 합니다. 사고로 장애를 갖게 된 환자에겐 물리치료사가 되어주는데, 힘도 좋고, 늘 환자 곁에 있어주니 바쁘고 서툴기만 한 남편보다 낫습니다. 인공지능을 성인버전으로 전환시키면 성생활도 가능합니다.

갈등을 겪는 주인공 부부는 인공지능에게 부부상담을 받으러 가기도 합니다. '넌 감정이 없으면서 어떻게 우리 감정을 추측하느냐'라고 주인공이 묻습니다. 인공지능 상담자는 자신이 3만 8

천 개 이상의 상담 통계분석을 갖고 있으며, 이를 토대로 과학적이고 효과적인 상담이 가능하다고 답합니다.

인공지능 상담자는 내담자의 표정이나 행동을 관찰하며 '로라, 불안해 보이시네요. 원하시면 제 목소리 톤을 좀 바꿔볼까요?', '지금 무척 화가 났군요. 남편에게 기대한 건 그게 아닐 텐데, 실망했나요?' 하는 식으로 해석하고 반영해 줍니다. 물론 공감하는 시늉도 가능합니다.

영화를 보면서 정말 인공지능에게 상담을 받는 날이 올까 생각해 보았습니다. 언제까지고 인공지능이 아닌 진짜 사람과의 소통이 필요한 영역 중 하나가 상담이 아닐까 하는 것은 저의 바람일 뿐일까요. 우리가 상담을 통해 얻고자 하는 것은 무엇일까요.

아마 저는 당신의 기대와 비슷할 수도, 다를 수도 있을 겁니다. 제가 만났던 내담자들 중 어떤 분은 살면서 느껴보지 못한 따뜻함을 상담을 통해 경험했다고 하셨고, 어떤 분은 속 시원한 해결책을 척척 제시해 주기를 요구하시기도 했습니다. 그런가 하면 밖에서도 충분히 듣는 조언보다는 그저 잘 들어주기를 바라는 분도 계셨습니다.

상담을 하는 동안 당신이 제게 느끼는, 또 원하는 것을 얘기해 주시면 좋겠습니다. 상담에서 당신이 얻고자 하는 것이 무엇인지, 또 살아가면서 다른 사람들에게 바라 왔던 것이 무엇인지 알게 될 겁니다.

저도 내담자에 따라 그분에게 필요하다고 느끼는 것을 하게 되기도 하고, 어떤 반응은 오히려 자제하게 되기도 합니다.

〈굿 윌 헌팅(Good Will Hunting)〉이라는 영화를 보고 로빈 윌리엄스가 연기한 캐릭터를 이상적인 상담자 모델로 마음에 품었던 적이 있습니다. 인간에 대한 따뜻한 시선을 지니고 있으며, 깊은 통찰력으로 문제의 핵심을 짚어내는 전문가, 그러면서도 유머를 잃지 않는 그런 상담자를요.

상담자가 어떤 자질을 갖추어야 하는가는 상담자의 역할을 어떻게 보는가에 따라 조금씩 달라집니다. 프로이트(Sigmund Freud) 같은 고전적 정신분석가들은 상담자가 '빈 스크린'이 되어 내담자의 경험을 비춰주어야 한다고 보았습니다. 경청과, 시기적절한 해석을 통해 내담자의 무의식 속에 가라앉은 갈등을 떠오르게 하고, 내담자 스스로 문제의 본질을 통찰하고 변화하도록 돕고자 했습니다.

다양한 이론적 차이에도 불구하고, 로저스(Carl Rogers)의 인간중심 접근은 상담자로서의 기본 태도로 널리 받아들여져 왔습니다. 그는 어떤 지식이나 기법보다도 상담자의 태도가 내담자의 성격 변화를 촉진시킨다고 보았습니다. 근본적으로 상담자는 자기 자신을 변화의 도구로 사용한다고 했는데요. 상담자의 역할은 '진실하게, 무조건적인 존중의 태도로, 정확한 이해와 공감을 제공'하는 것입니다. 상담에서 이러한 경험을 할 때 내담자는 비로소 방어나 경직된 사고에서 벗어나 자유롭게 기능할 수 있다고 했습니다.

최근 활발히 활용되는 인지행동치료에서는 내담자의 왜곡된 신념이나 부적응적 가치관을 발견해서 수정하고, 문제를 다루는 데 필요한 대처 기술을 가르치는 것을 목표로 합니다. 과거보다는 현재 당면한 문제에 초점을 맞추며, 상담자의 역할은 내담자와 합의 하에 구체적으로 달성 가능한 목표를 설정하고, 과제와 훈련을 통해 문제를 해결해나가도록 돕는 것입니다.

상담자마다 지향하는 이론이 있고, 상담 접근방식이 조금씩 다릅니다. 앞서 말씀드린 이론들 외에도 게슈탈트, 가족체제 치료, 교류분석 등 다양한 접근 방식을 바탕으로 활동하는 상담자들이 있습니다. 또, 여러 이론에서 시사점을 얻어 통합적으로 상담에 적용하기도 합니다.

코리(Gerald Corey)는 『심리상담과 치료의 이론과 실제』라는 책에서 '인간으로서의 상담자 자신'이 심리상담을 위한 가장 중요한 도구 중 하나라고 언급하며, 유능한 상담자로서의 인간적 특성을 다음과 같이 꼽았습니다.

- 자신이 어떤 사람이며, 원하는 것이 무엇인지, 어떤 사람이 될 수 있는지 안다.

- 자신을 존중하고, 인정하여 필요한 이에게 도움과 사랑을 줄 수 있다.
- 동등한 관계를 좋아하고, 상대가 힘을 낼 수 있게 도울 수 있다.
- 변화에 개방적이며, 모험을 할 수 있는 의지와 힘이 있다
- 삶을 형성하고, 변화하기 위한 선택을 할 수 있다.
- 활기가 있으며 생명 지향적 선택을 하여 충만하게 생활한다.
- 진실하고, 성실하며, 정직하다.
- 유머 감각이 있다. 자신의 약점과 모순에 대해서도 웃을 수 있다.
- 실수를 기꺼이 수용한다.
- 과거에 집착하지 않고, 미래에 매달리지도 않으며 주로 현재에 산다.
- 문화의 영향을 인식하고 있다.
- 타인의 복지에 진정한 관심을 갖는다.
- 일을 열심히 하며, 일에서 의미를 찾는다.
- 내담자와 현재에 있으려 하지만, 여가 시간에는 내담자의 문제를 가져오지 않음으로써 자신의 삶을 균형 있게 만들 수 있다.

열거하고 보니, 유능한 상담자가 되는 길은 끝없는 자기 수양의 과정처럼 보입니다. 이러한 조건에 얼마나 부합할까 저 자신을

생각해보게 됩니다.

　저는 상담실에서 제가 아닌 어떤 모습도 될 수 없을 겁니다. 다른 직업과 달리 상담에는 전문성뿐 아니라 진솔한 교감이 무척 중요합니다. 상담이 진행될수록 내담자뿐 아니라 상담자의 마음 또한 드러나고 전달되기 마련입니다. 제가 아무리 똑똑한 척, 따뜻한 척을 하려 해도, '척'해서 되는 일이 아닙니다. 그래서 저는 제 모습 그대로 당신을 만날 수밖에 없습니다. 저의 특성과 지식이 상담 장면에 적합하도록 계속해서 저를 들여다보고, 공부해야 합니다.

　한 가지 말씀드릴 수 있는 건 앞서 열거한 '유능한 상담자'의 모습이라 자신할 수 있는 상담자가 얼마나 될지 몰라도, 좋은 상담자는 이러한 자질과 가치를 기꺼이 수용하고 추구하리라는 점입니다.

심리검사를 받으셨나요
검사로 알 수 있는 것

가을님. 심리검사 결과에 대해 들으러 오시면서 궁금하기도 하고 걱정도 하셨죠? 내 성격이 어떻게 나왔을지, 어떤 얘기를 듣게 될지 마음이 복잡하셨을 거예요. 검사를 실시하는 동안 어땠는지 묻자 당신은 좀 망설였습니다. 문항이 많았다고 하면서 결과가 안 좋게 나왔느냐고 조심스럽게 되물었습니다. 당신이 긴장하는 것도 당연합니다. 생판 모르는 남 앞에서 발가벗겨지는 느낌이 들어 불편하셨을 수도 있을 거예요.

상담 공부를 시작할 때 저도 제가 실시하는 모든 심리검사를 받아보고, 분석해보고, 공부했습니다. 익히 잘 알고 있는 제 모습이 드러나는 게 신기하기도 했고, 어떤 부분은 저도 미처 몰랐던 것이라 '나에게 이런 면이 있었나' 놀라기도 했습니다.

검사 결과에 대한 설명을 들으며 당신은 고개를 끄덕끄덕하기도 하고, 이해가 안 된다는 듯 갸우뚱하기도 했습니다. 그럴 땐 당신이 어떻게 생각하는지 이야기를 더 들어보기도 했습니다. 얼추 설명을 다 듣고 난 후 당신은 물었습니다.

'그럼, 제가 정상… 이 아닌 건가요? 다른 사람들도 이렇게 나오기도 하나요?'

가을님. 당신이 느끼는 그 두려움을 다른 사람들도 갖고 있습니다. 내가 혹시 이상한 걸까, 비정상인가, 다른 사람들은 어떨까.

그 문제에 대해 저는 이렇게 생각합니다. 사람들은 모두 '뭔가'를 갖고 있습니다. 어떤 사람은 우울한, 어떤 사람은 불안한, 또 누군가는 화가 많은 게 주된 특징인 성격을 갖고 있습니다. 물론 여러 가지를 중복해서 갖고 있기도 합니다.

중요한 건 '어느 정도'인가의 문제입니다. 정상이냐 비정상이냐, 이렇게 이분법으로 딱 잘라서 나누기는 곤란합니다. 우울해서 일상생활에 어느 정도 지장을 받고 있는가, 불안해서 외출을 못하는 정도인가, 화가 나서 사람들과 마찰이 얼마나 일어나는가 이런 게 중요합니다.

그래서 당신이 식사는 잘하는지, 잠은 잘 자는지, 하루의 스케줄을 어떻게 보내는지, 직장생활은 어떠신지 그런 것을 저는 추가로 더 질문드렸습니다. 심리검사 결과도 의미 있지만 그걸 토대로 당신이 실제 어떻게 생활하는지, 일상생활에 어느 정도 불편함과 어려움을 느끼는지 정교하게 알아봐야 합니다.

심리검사를 통해 우리가 알고자 하는 것은 '정상인가 아닌가' 라기보다는 어떤 어려움을 어느 정도로 겪고 있는가, 이 사람의 주된 성격 특성은 어떤 것인가, 그리고 이 모든 것들이 삶에 어떻게 영향을 주고 있는가입니다. 어떤 강점과 자원을 갖고 있는지 또한 파악할 수 있습니다. 지금까지 당신을 보호해온, 또 앞으로 힘이 될 긍정적인 자질 또한 심리검사를 통해 발견할 수 있습니다.

당신이 호소하는 어려움과, 심리검사 결과를 종합하여 우리는 앞으로의 상담 방향과 목표를 보다 명료하게 세워볼 수도 있을 겁니다. 경우에 따라 당신이 겪는 어려움의 정도가 커 보인다면 병원 치료를 병행할 것을 권유해 드리기도 합니다.

지금부터 우리는 당신이 겪는 어려움을 잘 들여다보고, 왜 이런 어려움이 생기고 지속되어 왔는지 살펴보며, 보다 편안하게 지낼 수 있는 방법을 찾을 겁니다.

당신이 느끼는 어려움을 수술하듯 싹 도려내어 없던 것처럼 만들 수는 없습니다. 심리상담이 당신을 완전히 다른 사람으로 만들어주는 것은 아닙니다. 그렇지만, 고통을 덜 겪을 수 있도록 여러 가지 방법을 함께 찾아갈 겁니다. 심리적 고통에 파묻혀 제대로 기능하지 못하는 당신만의 보석을 찾아내서 그것을 충분히 즐기며 살아갈 수 있기를 저는 바랍니다.

어떤 얘기를 해야 할지
상담에서 다루는 내용

상담실에 들어와 인사를 나누고 자리에 앉은 가을님은 잠시 아무 말이 없습니다. 직장에서 바로 퇴근한 당신은 조금 지쳐 보입니다. 단정한 하늘색 블라우스의 구김을 펴고, 가방을 의자에 똑바로 놓으며 자세를 고쳐 앉습니다. 저는 가만히 기다리고 당신은 쑥스럽게 웃습니다.

잠시 침묵이 흐르고 '요즘 어떠세요?' 제가 묻습니다. 혹은 '기분은 어떠세요?', '오늘은 어떤 얘기를 하고 싶으세요?' 물으며 얘기를 시작하시도록 기다립니다. 상담이 조금 익숙해지면 제가 별다른 말을 하지 않아도 내담자 스스로 얘기를 꺼내기도 합니다.

첫 상담에서는 가을님이 상담에 오시게 된 이유, 지금 힘든 문제가 무엇인지에 대해 들었습니다. 그리고 상담 초반 2~3회 동안 가족, 학교생활을 비롯해 자라온 이야기, 일, 대인관계 등에 대해 상세히 듣게 됩니다. 가을님의 삶을 이해하는데 중요한 맥락들을 훑어보는 겁니다. 가을님이 그동안 어떻게 지내오셨는지 이해하는 시간입니다.

그리고 가을님이 하고 싶은 이야기를 중심으로 상담이 진행됩니다. 어떤 얘기든 좋습니다. 지난 주말 남편과 싸운 얘기를 할 수도 있고, 직장에서 상사의 압박으로 힘들었던 일을 얘기하셔도 좋습니다. 가을님이 재미있게 본 드라마 이야기를 나눌 수도 있습니다.

가을님 입장에선 상담자가 먼저 화제를 이끌어 주기를 바라실 수도 있을 겁니다. 어색한 침묵이 흐를 때면 더욱 불편하게 느끼실 수도 있고요. 저도 내담자의 입장으로 상담을 받으러 갈 때는 무슨 얘기를 해야 하나 미리 생각해 보기도 했습니다. 금방 떠오르는 날도 있었지만, 어떤 날은 아무리 궁리해도 마땅히 생각나는 게 없었어요. 그래도 막상 상담실에 가면 무슨 얘기든 하게 되고, 어느새 펑펑 눈물을 쏟고 있는 저를 발견하곤 했습니다.

제가 먼저 질문을 드리는 날도 있습니다. 가을님이 영 할 말이 떠오르지 않는 날도 있으니까요. 지난 시간에 나온 주제를 좀 더 얘기해 봐야겠다 싶을 때도 있습니다. 중요한 이야기인데 충분히 얘기되지 못하고 상담이 끝날 때가 있거든요. 하지만 그런 날조차도 가을님이 먼저 하고 싶은 이야기가 있는지 여쭤볼 텐데요,

거기엔 이유가 있습니다.

상담은 전적으로 '가을님의 시간'입니다. 상담자라고 해서 가을님에게 중요한 얘기가 무엇인지 항상 잘 알고 있는 건 아닙니다. 지금 하고 싶은 이야기가 바로 당신에게 필요한 이야기일 겁니다.

때로 '상담에서 이런 얘기를 해도 될지 모르겠어요.' 하며 말을 꺼내는 분들이 계십니다. 상담에선 뭔가 중요한 내용을 다뤄야 할 것 같고, 대수롭지 않은 얘기를 하러 온 건 아니라고 생각하십니다. 상담자도 그런 걸 바라지는 않을 텐데 하며 눈치를 보십니다. 그에 대해 결론부터 말씀드릴게요. 상담에서 어떤 얘기를 하셔도 괜찮습니다.

예를 들어볼게요. 당신은 불친절한 가게 점원 때문에 기분이 상하셨을 수 있습니다. 순간 화가 나더라도 보통 시간이 지나면 감정은 잊히고 흘러가기 마련입니다. 그런데, 감정이 잘 정리되지 않는다면 그 일이 계속해서 떠오르거나, 그 얘기를 하고 싶으실 거예요. 사소해 보이는 일이지만, 그 점원이 당신 기억 속의 어떤 사람을 떠오르게 했을 수 있습니다. 혹은 부당한 일을 당해도 제대로 항의하지 못한 것에 대해 불편한 마음이 들었을 수도 있고요.

이야기를 하고 싶은 데는 뭔가 이유가 있을 겁니다. 그러니 편하게, 당신이 하고 싶은 얘기를 하시면 됩니다. 이야기 속에 숨겨진 감정과 핵심 주제로 가는 길은 제가 안내해 드릴 테니 걱정하지 마세요. 상담이 익숙해지면 어떤 이야기를, 왜 하고 싶은지 좀 더 수월하게 찾을 수 있게 될 겁니다.

무슨 얘기를 해야 할지 생각하는 게 처음에는 조금 부담스럽게 느껴질 수도 있습니다. 내가 어떤 감정을 느끼는지 잘 알아차리지 못하는 분도 있습니다. 그럴 때는 제가 자세히 질문해 드리기도 하고, 카드나 활동지, 그림책 같은 자료들을 활용할 때도 있습니다. 상담자마다 다양한 도구를 상담에 활용하기도 합니다. 당신에게 맞고 편한 방법을 찾아 연습하다 보면 느끼고, 생각하고, 표현하는 게 차츰 익숙해질 겁니다.

늘 조마조마 불안한 기분이 들고, 매사에 재미가 없고, 무기력감을 느끼는 여성이 있었습니다. 상담에서 얘기를 하는 태도에서도 감정이 별로 느껴지지 않았습니다. 늘 예의 바르고 조심스러우며, 긴장되어 보이는 분이었습니다.

어떤 얘기를 하고 싶은지 물으면, '글쎄요, 딱히 특별히 얘기할 건 없는데… 그냥 평범하게 지냈는데요.' 하고 답변하곤 했습니다. 얘기를 할 땐 마치 남의 얘기를 하듯 단조롭고 무덤덤하게 말하곤 했습니다.

상담이 진행된 지 몇 회기가 지난 후 우리는 '가족 인형'을 가지고 작업을 했습니다. 그녀의 가족 구성원을 닮은 인형들을 골라, 가족의 모습을 상상하며 배치했습니다. 그리고 가족의 모습을 가만히 바라보았습니다. 엄마 인형은 가운데 누워있었고, 아빠는 저 멀리 떨어져 아무렇게나 놓여 있었는데 회사에 갔다고 했습니다. 동생은 자기 방에서 컴퓨터를 하는 모습으로 모든 인형들은 제각각 멀찍이 따로 놓여있었습니다. 그녀 자신은 누워있는 엄마 옆에서, 엄마를 바라보며 앉아있었습니다.

가족의 모습이 어떻게 느껴지는지 묻자 그녀는 '모두 각자 떨어져 있고, 거리가 멀어 보인다. 쓸쓸해 보인다.'라고 했습니다. 자신의 인형은 어떻게 보이느냐는 질문에는 '지치고, 외로운 것 같다.'라고 했습니다. 인형들의 배치를 어떻게 바꾸면 좋겠느냐고 하자 그녀는 먼저 누워있는 엄마를 일으켜 세우고, 아빠를 엄마 옆에 다정하게 배치했습니다. 양 옆에는 동생과 자신이 조금 떨어진 거리에 있었습니다.

그녀는 오랫동안 우울증으로 무기력하게 지내는 엄마를 걱정하며 보살펴 왔습니다. 외출을 하거나, 자신의 일로 바빠질 때마다 엄마 생각에 늘 마음이 편치 않았습니다. 그런 엄마에 대해 안쓰러움과 함께 답답함과 짜증, 그리고 뒤따라오는 죄책감에 괴로웠습니다. 바쁘다는 핑계로 엄마를 방치하는 듯한 아빠에게도 분노와 거리감을 느꼈습니다.

역할극을 통해 엄마와 아빠 인형에게 마음 깊숙이 담아두었던 서운함과 분노, 부담감을 쏟아내며 그녀는 많은 눈물을 흘렸습니다.

당신에 대한 전문가는 당신입니다. 저는 당신 옆에서 천천히 따라갈 겁니다. 당신의 눈을 가리고, 발목을 잡고 있는 장애물을 찾아 걷어 낼 수 있도록 도우면서요.

때로는 당신도 모르게 진짜 하고 싶은 이야기를 피하여 빙빙 돌고 있을지도 모릅니다. 이야기가 뭔가 겉도는 것 같은 날도 있을지 모릅니다. 그러나 걱정하지 마세요. 그조차도 우리는 깨닫게 될 겁니다.

꺼내기 힘들었던 얘기를 마침내 할 수 있게 되면서 안개가 걷힌 듯 시야가 트일 거예요. 그렇게 할 수밖에 없었던 당신의 마음을 함께 이해할 수 있었으면 합니다. 가을님 스스로의 마음에 한 발짝 다가갈 때마다 지금 겪는 어려움이 조금씩 선명하게 보이게 될 겁니다.

한 방의 해결책을 바라시나요
함께 한다는 것

상담 과정에서 상담자에게 조언을 구해오는 경우가 자주 있습니다. 친구와 다툰 후 먼저 사과를 해야 할지 묻는 청소년부터, 자녀의 수학 학원을 계속 보내는 게 좋을지 모르겠다는 어머니, 오랜 갈등을 겪어 온 배우자와 이혼을 할지 말지 고민하는 분까지… 다양한 문제에 대해 상담자의 의견을 물어보십니다.

저도 살면서 어떤 결정을 내리는 게 쉽지 않다는 생각을 종종 합니다. 매일의 식사 메뉴를 정하는 일부터, 직장에 어떤 건의를 해야 할지, 지금 살고 있는 집에서 이사해야 할지… 크고 작은 결정들이 분초 단위로 저의 결재를 기다립니다. 가끔은 누가 대신 결정을 해줬으면 좋겠다는 생각이 들 때도 있습니다.

상담자의 의견을 묻는 분들의 심정을 충분히 이해합니다. 다른 사람이라면 이런 상황에서 어떻게 할까 궁금하실 수도 있고, 무엇이 옳은 결정일까 최종 결정을 내리기 전에 확신을 얻고 싶으실 수도 있습니다. 전문가니까 정답을 알고 있을지 모른다는 기대도 있으실 겁니다.

어떤 분들은 상담에 오실 때 상담자가 확실하고 직접적인 조언을 해주기를 바라십니다. 적지 않은 비용을 지불하고 상담을 받으러 오실 때는 고민했던 문제가 빨리 해결되길 바라는 것도 당연합니다.

그러나 상담에서는 내담자의 결정을 대신해드리거나, 직접적인 조언을 하는 데 신중하도록 배웁니다. 누구에게나 맞는 정답은 없습니다. 얼핏 비슷해 보이는 문제라도, 들여다보면 제각각 다른 상황과 복잡한 요인이 얽혀 있습니다. 문제가 시작되고 지속되어온 데는 사람마다, 집집마다 나름의 사연과 역사가 있습니다. 그러한 과정을 이해하지 못하고 만병통치약 같은 해결책을 처방할 수가 없습니다.

상담을 통해 문제 해결을 위해 그동안 무엇을 해왔는지 살펴봄으로써 내담자의 문제 해결 방식과 선택 과정을 점검합니다. 또, 내담자의 고민이 깊다면 고민하는 이유에 대해 자세히 생각해보고, 결정에 따를 결과를 요모조모 신중하게 따져볼 수 있도록 합니다. 내담자 스스로 결정을 못하고 있다면 어떤 이유에서인지 깨닫고, 스스로 합리적인 결정을 내릴 수 있도록 도와 드립니다.

이런 과정이 좀 답답하게 느껴지실 수도 있습니다. 저도 그냥 '이런저런 방법으로 접근해 보시면 어떨까요' 조언을 해드릴 때도 있습니다. 삶이 너무 엉망으로 꼬여 가고 내담자는 괴로운데, 상담 기간은 길지 않을 때도 있습니다. 요즘은 기업이나 기관에서 협약을 맺고 상담 의뢰가 들어와 단기 상담으로 진행되는 경우가 많습니다. 이런 경우 내담자가 힘을 기를 때까지 기다리기만 할 수도 없는 노릇입니다. 또 개인적으로 상담을 받으셔도 비용 부담 때문에 길게 상담을 유지하기 힘든 경우도 많고요. 그래서 상담 기간과 문제의 종류, 내담자의 상황에 따라 상담 목표도 접근 방법도 조금씩 달라지긴 합니다. 그럼에도 불구하고 자칫 섣부른 조언은 상담 관계와 효과에 부정적인 영향을 미칠 수 있습니다.

예전에 내담자 한 분이 안타까운 상황에서 좀처럼 벗어나지 못하고 계셨을 때. 조급한 마음에 제가 성급하게 '직접적인' 조언을 해버리고 말았습니다. 그리고 상담이 끝난 후 바로 후회했습니다. 중요한 건 상황의 위험을 스스로 알면서도 헤어 나오지 못하는 '그 마음'에 있는 건데, 그 순간 저는 상담자가 아니라 그냥 친구나 가족 같은 반응을 해버렸던 거죠.

상담을 마친 후, 앞으로 이 분이 상담에 오지 않으실 수도 있겠다 생각했습니다. 상담자의 조언에도 불구하고 상황은 마음먹은 대로 쉽게 바뀌지 않을 거고, 그럼 다음번에 상담자 얼굴을 보기가 불편해질 테니까요.

아니나 다를까 그 후 3주간 그분을 뵙지 못했습니다. 다행히 3주 후 다시 상담에 오셨을 때, 저는 저의 실수에 대해 솔직하게 말씀드렸습니다. 다 알면서도 벗어나지 못하는 건데, 그게 잘 안돼서 본인도 힘들었을 텐데 제가 성급했다고, 그날 제 얘기를 듣고 마음이 어떠셨는지 물었습니다. 그날 그분과 많은 얘기를 나눴습니다.

제 마음이 조급해진 건 제 문제 때문이었을지도 모릅니다. 삶에서 제가 해결하지 못한 어떤 문제, 어떤 기억들 때문에 제 감정이 내담자의 마음보다 앞서 나아가고, 제가 해결하겠다고 먼저 달려드는 걸 겁니다. 사실 그분의 문제는 저보다 그분이 훨씬 잘 알고 계시고, 상담에 오셨을 땐 이미 여러 가지 방법을 시도해보다가 소용이 없어서 오신 걸 텐데요.

'당신에게 무엇이 좋은지 내가 더 잘 안다'는 말도 안 되는 오만, 혹은 내 문제가 겹쳐 보여 흐트러진 마음에 헛다리를 짚을 때 상담자는 내담자 문제에 조급하게 개입하거나 섣부른 조언을 하게 됩니다.

상담을 하면서, 또 일상의 삶 속에서도 그런 생각을 할 때가 있습니다. 뭔가를 하는 것보다 하지 않는 게 더 어렵구나. 해결을 위해 애를 쓰고 있을 땐, 뭔가를 하고 있다는 것 자체가 위안이 됩니다. 희망을 길어 올릴 원동력이 되어줍니다. 그런데 때로는 할 수 있는 게 없어 보일 때가 있습니다. 고통 속에 있는 사람에게 아무엇도 해줄 일이 없다고 느껴질 땐 너무도 답답하고 무력하게 느껴지기도 합니다.

그럼에도 불구하고 고통 속에 함께 있는 것, 함께 버티는 것, 그 시간을 함께 지나가는 것이 때로는 우리가 할 수 있는 최선이고 모든 것입니다. 그러다 보면 어느 순간, 정말 기적처럼 스스로 힘을 내어 고통의 시간을 건넌 내담자를 만나는 순간이 옵니다.

당신을 알아가는 중입니다
타인을 이해할 수 있을까

'누군가의 마음을, 다른 사람의 세계를 얼마나 이해할 수 있을까' 그런 생각을 할 때가 있습니다. 보여준 만큼, 말해준 만큼만 상대를 알 수 있다면 우리는 누군가를 정말 안다고 할 수 있을까요.

아이유와 이선균이 나왔던 〈나의 아저씨〉라는 드라마가 있었습니다. 지안(아이유)에게 부장님(이선균)이 "내가 널 알아"라고 말해주던 장면이 제 마음 깊이 남아 있습니다.

'사람 알아버리면, 그 사람 알아버리면, 그 사람이 무슨 짓을 해도 상관없어. 내가 널 알아.'

'안다'는 말에는 두 사람 사이에 쌓인 시간과 깊은 이해, 연민이 담겨 있습니다. 무뚝뚝하고 거칠어 보이는 아르바이트생 지안이. 누군가의 따뜻한 관심을 받아본 적도, 귀하게 대접받아 본 적도 없습니다. '편안함에 이르다'라는 뜻을 가진 이름과 달리 지안의 삶은 잔인하고 외로웠습니다. 지안은 닥치는 대로 돈 되는 일을 하며 팍팍한 하루하루 살아갑니다. 일과를 마치면 회사에서 몰래 가져온 믹스커피 두 봉지를 뜯어 머그컵 가득 커피를 마십니다. 지안의 삶에 허락된 유일한 사치이자 위로입니다.

지안은 살인 전과가 있는 데다, 부장님을 모함하기 위한 음모에 가담해 도청까지 합니다. 할머니의 병원비와 사채업자에게 갚을 돈 때문입니다. 그런 지안에게, 네가 어떻게 살아왔는지, 얼마나 외롭고 힘들었는지 안다고 동훈(부장님)은 말해줍니다. 지안이가 나쁜 사람이 아니라는 걸, 필사적으로 살아남았다는 걸 알아줍니다. 그 한 마디에 제 마음까지 완전히 무장 해제되어서는, 지안이가 되어 부장님의 가슴에 머리를 묻고 한바탕 울어버리고 싶은 심정이었습니다.

깊은 공감은 '스스로도 미처 모르는 자신의 모습을 알아주는 것'이라고 합니다. 지안이 동훈으로부터 들은 '내가 널 알아'라는 말이 바로 그런 것이 아닐까요.

상담을 받으러 오시는 분들 중엔 스스로에 대해 부정적인 감정과 생각을 가진 경우가 많습니다. 자신이 한심한 사람, 이상한 사람, 못난 사람이라고 말합니다. 그런 얘기를 누군가로부터 들어

봤을지도 모릅니다. 이해받지 못한 시간이 쌓여 스스로도 그런 생각을 하게 되기도 합니다. 왜 어려움이 생기고, 반복되고, 사라지지 않는지 그 이유는 잘 알지 못합니다.

상담을 할 때 상담자는 자꾸 묻습니다. 어떤 일들이 있었는지, 그때 어떤 마음이 들었는지, 어떻게 해서 그리 되었는지 들려달라고 할 겁니다. 호기심이 생겨서, 단순히 궁금해서 물어보는 것이 아닙니다. 당신을 알기 위해서는 당신만의 이야기를 들어야만 합니다.

당신의 우울은 제가 느끼는 우울과는 다른 방식으로 찾아왔을 겁니다. 당신의 불안은 다른 사람이 걱정하는 것과는 다른 두려움을 얘기하고 있을 겁니다.

그동안 당신을 쥐뿔도 모르면서 남들이 쉽게 하던 말, 나를 위한다면서 되려 함부로 던진 얘기를 그냥 스펀지처럼 빨아들이지 마세요.

제가 당신의 얘기를 잘 듣겠습니다. 가을님도 스스로의 마음에 귀 기울여 주세요. 제가 가을님을 알아가는 동안 가을님도 스스로를 점점 더 이해하게 될 거예요. 불안과 우울, 자책과 수치심 같은 복잡한 감정을 느낄지라도, 그 감정이 바로 당신 자신인 것은 아닙니다. 당신이 겪는 어려움을 당신과 한 덩어리로 치부하지 않으셨으면 합니다. 문제는 당신이 겪는 삶의 일부일 뿐 당신 전체가 될 수 없습니다. 아직 제가 알지 못하는, 혹은 당신 자신도 발견하지 못했거나 잊고 있었던 당신의 또 다른 모습을 우리는 서서히 만나게 될 겁니다.

앞으로 제가 가을님을 얼마나 잘 알게 될까요. 아직은 저도 잘 모릅니다. 지금은 가을님이 알려주는 만큼, 보여주고 싶은 만큼 볼 수 있을지도 모르겠습니다. 그래도 괜찮습니다. 가을님이 스스로 이해하는 동안 서서히 함께 알아갈 수 있을 테니까요.

그러다 어느 날 문득, 가을님도 미처 깨닫지 못한 마음을 제가 한 발짝 먼저 알아차리는 날도 있을지 모릅니다. 그런 날이 오면 저도 지안이의 부장님처럼 제가 아는 가을님을 당신께 돌려드릴게요.

당신의 18번은 무엇인가요
공감한다는 것

　가을님은 어떤 노래를 좋아하시나요? 노래방에 가면 꼭 부르게 되는 노래가 있나요? '내 인생 노래'로 들려주고 싶은 곡은 무엇인가요?

　간혹 집단상담(한두 명의 상담자와 다수의 내담자가 함께 참여하는 상담)을 진행할 때 '나의 18번'을 소개하는 활동을 즐겨합니다. 평소 좋아하는 노래를 함께 감상해보거나, 가사를 낭독해 보기도 합니다. 직접 불러볼 수도 있습니다. 그렇게 하면서 귀에 들어오는 단어나, 노래에서 느껴지는 주된 감정을 찾아봅니다.

　A님은 혼자 있을 때 음악을 많이 듣는다고 했습니다. 상담실에 올 때도 늘 이어폰을 끼고 있었습니다. 한번은 A님이 좋아하는 음악들을 소개해 달라고 했습니다. 유튜브에서 음원을 찾아서 같

이 감상해 보고, 가사를 소리 내어 읽어 보았습니다. A님이 좋아하는 음악들은 한결같이 이별에 대한 노래였고, 음악에서 느껴지는 감정은 주로 쓸쓸함, 외로움이었습니다.

외로움에 대해 얘기하다가 A님은 9살 무렵의 기억을 떠올렸습니다. 당시 부모님이 이혼을 하셨고, 전업주부셨던 어머니는 직장에 다니게 되셨다고 합니다. 이혼 후 아버지는 혼자 지방으로 내려가셨고 만나기 어렵게 되었습니다. 4살 차이가 나는 형은 학원에 가거나 친구들과 어울려 늦게 들어오는 날이 많았습니다. 어린 A님은 밤늦게까지 잠들지 못하고 어머니의 귀가를 기다리곤 했습니다. 혼자 있는 집이 너무 조용하고 무서워 TV를 크게 틀어놓곤 했습니다. 지금도 A님은 음악 소리가 있어야 잠이 온다고 했습니다.

내담자들의 일이나, 전공, 취미 등에 대해 저는 자세히 묻곤 합니다. 제가 일하는 학교에는 미대가 있습니다. 미대생을 만날 때는 어떤 작품을 하고 있는지 자세히 물어봅니다. 교내에서 전시회가 있을 때는 직접 보러 가기도 합니다. 많은 학생들이 쑥스러워하면서도 신이 나서 자신의 작품을 소개해 줍니다. 즐겨 그리는 소재나, 전체적인 느낌, 독특한 시선 등에 대해 얘기를 나누다 보면 그들의 세계에 성큼 다가갈 수 있습니다.

보여주고 싶은 작품이 없거나, 준비가 되지 않았다고 하는 경우에도 그 자체로 의미가 있습니다. 진로에 대한 갈등과 두려움에 대해 깊이 나눠볼 수 있습니다. 몇 년간 준비해서 치열한 경쟁을 뚫고 입학한 학교일 겁니다. 어떤 마음이 작품에 몰입하지 못하게 만드는지 찬찬히 살펴볼 필요가 있습니다.

상담자이자 작가인 어빈 얄롬(Irvin Yalom)은 공감한다는 건 '타인의 창을 통해 바라보는 일'이라고 말했습니다. 초대해 주신다면 저도 가을님의 창문으로 가을님이 보는 세상을 함께 바라보고 싶습니다.

요즘 가을님은 미국 드라마 〈굿 와이프(Good Wife)〉에 빠져 있다고 하셨죠. 저도 몇 년 전 재미있게 본 작품인데 다시 보고 싶어집니다. 결혼 후 현모양처로 지내던 알리샤가 남편의 스캔들을 계기로 다시 취업을 하고, 인턴부터 시작해 일류 변호사로 성장해가는 내용이었죠. 알리샤의 어떤 모습에 가을님이 공감하시는지, 드라마에서 마음을 끄는 지점이 무엇인지, 알리샤에겐 있는데 가을님에겐 없다고 느끼는 게 무엇일지 궁금합니다.

예전에 만났던 내담자 한 분이 소개해준 그림책 한 권은 제게도 인생 책이 되었습니다. 『리디아의 정원』이라는 책인데요. 집안 사정이 어려워져 처음 보는 삼촌 집에 보내진 어린 소녀 리디아의 이야기입니다.

빵집을 운영하는 리디아의 삼촌은 말도 없고 도통 웃지 않는 무뚝뚝한 사람입니다. 낯선 환경이지만 리디아는 차차 빵 반죽을 배우고, 할머니가 보내주신 꽃씨로 화분들을 가꾸며 적응합니다. 리디아가 키운 꽃 화분들로 빵집은 점점 화사해집니다. 삼촌을 위한 비밀 선물로 리디아는 옥상에 비밀 정원을 가꾸는데요. 마침내 삼촌이 옥상 정원에 들어서는 날, 그 아름다운 장면을 볼 때마다 제 마음도 환하게 밝아지고, 어쩐지 뭉클해집니다.

이 책을 소개해 주셨던 분은 발달 장애가 있는 아이의 어머니였습니다. 아이의 스케줄에 자신의 모든 생활을 맞추며 직업도 포기해야 했던 분인데요. 아이와 함께 보기 시작한 그림책들을 이제는 자신이 더 좋아한다고 하셨습니다. 그분은 언젠가 작은 그림책 서점을 내고 싶다고 하셨습니다.

가을님은 어떤 노래를 좋아하는지, 어떤 책을 읽으시는지, 쉬는 날은 뭘 하시는지 궁금합니다. 제게 소개해 주시겠어요? 그때는 차도 한 잔 준비하겠습니다. 가을님이 좋아하시는 작품 얘기를 나누고, 음악도 함께 들으며 향긋한 차를 마시는 날을 상상해 봅니다.

우리의 만남은

상담 관계의 특수성

'머리 하셨네요.' 어제 상담에서 가을님이 꺼낸 첫 화제는 저의 헤어스타일이었습니다. 맞아요, 오랜만에 미장원에 다녀왔습니다. 사실 스타일이 크게 바뀐 것도 아니어서 못 알아볼 수 있었는데 가을님은 세심하게 알아보시고 인사도 건네주셨지요.

처음 상담실에 오기 전에는 상담자가 어떤 사람일지 궁금하지만, 자신의 문제가 턱 밑까지 꽉 차 있어서 막상 상담자를 만나도 관심 있게 살펴볼 여유가 없는 경우가 많습니다. 지금 가을님은 저와의 만남이 조금은 익숙하고 편안해지셨을까요.

상담을 받으러 오는 분들은 대개 상담자를 아플 때 만나는 의사처럼 익명의 전문가로 만납니다. 상담이 끝날 때까지 제 이름을 기억하지 못하는 분들도 계십니다. 그래서 오히려 가족이나 친구에게는 말 못 하는 어떤 얘기도 스스럼없이 꺼낼 수 있기도 하죠.

가끔 제 마음 한 구석에 이런 생각이 스칠 때가 있습니다. 상담을 하면서 만나는 우리의 관계는 무엇일까. 힘들고 아플 때 만나, 누구에게도 해본 적 없는 얘기를 나누지만, 언제까지고 계속될 수는 없는, 끝이 있음을 알고 시작하는 관계. 내담자의 입장에서는 대가를 지불하고 만나고, 상담자 입장에선 직업으로 만나지만 그 어떤 만남보다 깊은 마음을 나누기도 하는 관계.

간혹 어떤 분들은 상담자에게 개인적인 호기심을 보이거나, 조금 더 가까워지고 싶은 마음을 표현하시기도 합니다. 상담 관계를 어느 정도 친밀하게 느끼는지, 어떤 관계를 맺고 싶어 하는지는 내담자와 상담자의 특성이 맞물려 조금씩 달라지고, 일상에서 내담자가 관계 맺는 패턴에 따라 달라지기도 합니다. 상담자의 입장에선 그것으로 미루어 평소 내담자가 보이는 대인 관계 특성이나 태도, 가족 관계를 짐작해 볼 수도 있습니다. 그래서 이에 대해 내담자와 자세히 이야기를 나누기도 합니다.

제가 내담자가 되어 상담을 받을 때는 상담자에게 관심이 많이 가고, 좀 더 친해지고 싶고, 칭찬받고 싶은 욕구가 컸던 것 같습니다. 당시 초보 상담자였던 제게는 대선배이시니 어쩌면 당연할 수도 있지만, 상담을 받으러 가서도 상담자의 마음에 들고 싶어 했다니 돌아보면 스스로 안타깝게 느껴지기도 합니다. 상담이 끝날 때까지도 그런 마음을 완전히 내려놓지는 못했던 것 같아 나중에는 조금 아쉽더라고요. 그럼에도 불구하고 상담이 끝나고 나서 저는 이전보다 훨씬 남들의 시선과 평가에 편안해졌습니다. 어른들을 어려워하는 태도도 많이 줄었고요.

상담자의 입장에서는 당연히 늘 내담자의 마음이 궁금하고, 상담하는 시간만큼은 최대의 에너지로 집중하여 함께 하고자 합니다. 그러다 상담이 완전히 종결되고 나면 그 에너지가 거두어지지 않아 종결한 내담자가 문득 궁금해지기도 합니다. 잘 지내고 계실까, 직장 생활은 견딜 만하실까, 다시 힘들지는 않으실까. 상담이 끝난 후에라도 혹시 다시 도움이 필요하면 언제든 연락하라고 미리 말씀드리지만, 대부분은 그렇게 마지막 만남을 끝으로 더이상 보지 못합니다.

상담을 하면서 '참 좋은 만남이구나, 친구처럼 인연을 이어가고 싶다' 할 정도로 마음이 통하는 분도 만나게 됩니다. 하지만, 실제로 그렇게 하는 경우는 거의 없습니다. 언제든 그분이 힘들어지면 상담실로 다시 돌아오고 싶을 수 있고, 그때 저는 친구가 아닌 상담자로 남아 있어야 하기 때문입니다.

상담자가 자신 안에 해결되지 않은 문제를 많이 갖고 있을 때, 상담을 통한 만남을 개인적으로 이용하게 될 수 있습니다. 취약한 상태에 있는 내담자에게 상담자는 절대적으로 신뢰하고 의지할 수 있는 대상입니다. 그래서 상담자는 늘 자신을 예민하게 관찰하고, 내담자에게 미칠 영향을 이해할 수 있어야 합니다.

다시 볼지, 못 볼지 모르는 내담자와 종결을 할 때 간혹 눈시울이 붉어지기도 합니다. 아무리 상담이라는 특수한 관계라 해도 사람과 사람이 만나 정이 들었는데, 헤어짐은 아쉽기도 하고 뭉클하기도 합니다.

내담자의 마음이 가벼워지고, 자신을 괴롭히던 문제로부터 자유로워지면 상담실에 오고 싶은 마음이 차츰 줄어듭니다. 상담실보다 바깥세상과 사람들에게 관심이 가고, 일상의 삶에 적극적으로 참여하게 됩니다. 다시 연락하지 않으신다는 건 큰 어려움 없이 잘 지내고 계시다는 뜻일 수 있으니 고마운 일입니다.

상담이 끝날 때 저는 이런 얘기를 하곤 합니다. 언젠가 당신과 헤어질 때도 이렇게 인사할 수 있었으면 좋겠습니다.

'잘 지내세요. 만나서 반가웠고, 함께 한 시간이 저도 감사했습니다. 다시 오고 싶지 않을 만큼 잘 지내셨으면 좋겠어요. 하지만 지내다 혹시 힘든 일이 있거나, 의논할 일이 생기시면 언제든 다시 연락 주세요.'

조금 더 가까이
친밀해질 때 드는 마음

가을님, 어제는 상담을 마치고 일어나시다 문득 이런 말씀을 하셨죠.

'선생님은 남의 얘기 듣는 게 힘들지 않으세요? 와서 맨날 힘든 얘기만 하고, 그냥 막 쏟아붓고 가는 것 같아서 죄송하네요…'

그 얘기를 듣고 보니 가을님이 뭔가 부담을 느끼고 계신 건 아닌가 싶어 안타까운 마음이 듭니다. 이전에도 비슷한 얘기를 하셨던 기억이 있습니다. 가을님 얘기를 듣는 동안 혹시라도 제가 힘들어 보이거나 불편해 보였던 건 아닌지도 돌아보게 됩니다.

상담에 오시는 분들은 오랫동안 깊은 고민을 안고 괴로운 상태에 빠져있거나, 여러 가지 감정으로 꽉 차 있는 경우가 많습니다. 상담자가 힘들지, 지쳐 있는지 관심 있게 살펴볼 여력이 별로 없습니다. 그런데 간혹 제 컨디션을 걱정해 주시거나, 어떻게 남의 애기를 계속 듣는 일을 할 수 있는지 호기심을 갖고 물어오시는 분들이 계십니다.

관계가 친밀해지고 가깝게 느껴지기 시작할 때 우리는 다양한 감정을 경험합니다. 만남이 기다려지기도 하고, 만나면 무슨 애기를 할까 설레기도 합니다. 다음엔 이런 애기를 나눠 봐야지 생각에 잠기는 시간도 좀 더 많아지고요.

한편으로는 두려운 감정이나 불편한 마음이 올라오기도 합니다. 혹시 나를 부담스러워하지는 않을까, 내가 뭔가 실수를 하거나 불편하게 하는 건 아닐까. 나를 좋아하지 않는 건 아닐까… 그래서 상대의 눈치를 보고, 마음에 들지 않는 행동을 하게 될까 조바심 내기도 합니다.

어떤 사람은 괜히 어깃장을 놓으며 트집을 잡거나 쌀쌀맞게 굴기도 합니다. '진짜 나랑 가까워지고 싶어? 어디 이래도 내 곁에 있을 건지 두고 보자' 하는 마음으로 상대를 시험합니다. 일부러 마음먹고 그러는 건 아닐 수도 있습니다. 가까워질수록 혹시 모를 이별과 상처가 두려워져 미리 겁을 먹고 자신도 모르게 상대를 밀어내며 거리를 두려고 합니다.

지난번에는 상담 시간이 끝날 무렵 애기가 나와서 더 자세히 나누지 못했지만, 다음에 뵙게 되면 가을님이 느끼시는 마음이 뭔지, 제게서 어떤 느낌을 받으셨는지 좀 더 자세히 애기해봤으면 좋겠습니다.

저도 제 스스로를 더욱 꼼꼼히 살펴야겠습니다. 가끔은 지치거나 피곤한 느낌이 드는 날도 있습니다. 거기에는 여러 가지 이유가 있습니다. 근무 조건을 제 마음대로 조정할 수 없는 환경이 문제가 되기도 합니다. 개인적인 사정으로 불편한 상태가 될 때도 있습니다. 건강 문제나 가족과의 갈등을 포함해서 일상에서 생기는 어려움에 마음이 쓰이고 에너지를 소모할 때가 있습니다. 이런 문제가 잘 정리되지 않은 채 남아 있으면 상담에 집중하기 어렵고, 내담자를 만날 때 영향을 받기 마련입니다.

상담자도 흔들리거나 소진될 때가 있습니다. 그런 상태가 내담자에겐 굉장히 예민하게 전달될 수 있고, 상담 관계와 효과에 그대로 영향을 미칩니다. 상담자의 사소한 말 한마디, 스치는 잠깐의 표정에서도 내담자는 여러 생각을 하게 됩니다.

가을님에게 저는 지금 단 한 명뿐인 상담자이며, 처음이자 마지막 상담자일지도 모릅니다. 저를 만나러 오시는 시간은 일상의 많은 일들과 여유를 포기하고, 큰 맘먹고 낸 귀한 시간일 겁니다. 그래서 저는 제 상태가 어떤지 늘 민감하게 살피고, 너무 무리하거나 지치지 않도록 돌봐야 할 의무가 있습니다.

어제 가을님이 제게 신경 쓰이는 마음을 말씀해 주신 것 자체가 저는 반갑습니다. 가을님이 누군가와 가까워질 때 느끼는 마음에 대해 살펴볼 좋은 기회가 될 겁니다. 상담에서 어떤 느낌을 받고 계신지, 어떤 마음에서 미안한 감정을 느끼셨는지 찬찬히 얘기해봤으면 좋겠습니다.

꺼내놓지 않고 찜찜하게 남겨둔 감정의 찌꺼기는 우리를 체하게 하고, 걸려 넘어지게 만듭니다. 지금처럼 떠오르는 마음을 꺼내어 함께 나누면서 가을님을 조금 더 잘 알게 되고, 우리의 관계도 조금 더 깊어질 겁니다.

말로 다 하지 못한 마음은 어떻게 하나요
비언어적 소통

상담은 말로 내 마음을 전하고, 상대에게 가 닿는 것을 확인하며, 다시 돌려받는 과정을 통해 이루어집니다. 상담하는 과정 자체가 마음을 표현하고 소통하기 어려워하는 분들께 효과적인 연습이 될 수 있습니다.

그러나 때론 상담을 하는 중에 저조차도 말이 무색한, 말로 어떻게 마음을 전할 수 있을지 막막한 순간을 만납니다. 너무도 아픈 얘기를 들으면 무슨 말을 하려 해도 그 순간 적절치 않다는 생각이 듭니다. 어떤 말이라도 꺼내 진심을 담아 보려 하지만, 그분의 고통의 무게에 비해 말은 턱없이 가볍게 느껴집니다. 표현 능력의 한계를 뼈저리게 느끼게 됩니다.

사실 사람을 직접 대면할 때는 표정과, 목소리, 태도 등이 말보다 더 큰 말을 하지 않을까 싶습니다. 말로는 전할 수 없는 심정과, 아픔에 함께 동참하고 싶어 하는 적극적인 태도, 목소리의 미묘한 톤이 상대의 마음에 가 닿지 않을까요.

친정에서 가족들이 모여 식사를 할 때, 밥을 다 먹고 나면 아빠가 사탕을 한 알씩을 나눠 주십니다. 연배가 좀 있는 분들은 아실지 모르겠습니다. '참스'라고 알록달록 총천연색 과일 맛의 알사탕이 원형 통에 들어 있습니다. 식사를 마치고 나면 아빠는 사탕통을 들고 다니며 이 사람 저 사람에게 권하십니다. '나는 빨강~' 하고 외치면 설거지하는 사람 입에도 쏙 넣어 주십니다.

돌이켜 보면 제가 어릴 적 아빠는 퇴근길에 생과자나 통닭 같은 간식을 종종 사 오시곤 했습니다. 화를 낼 땐 진짜 무서워서 아빠를 어려워했지만, 간식을 잘 사들고 오시는 아빠의 퇴근을 기다리곤 했습니다.

철이 들고난 후 아빠가 살가운 애정 표현을 하는 건 많이 보지 못했습니다. 아빠는 이른 아침부터 밤늦게까지, 휴일도 없이 늘 바쁘고 피곤해 보였습니다. 그래도 시험이 끝나면 고생했다고 외식을 시켜주고, 공부하느라 힘들다며 차로 등교를 시켜주시곤 했습니다.

아빠는 이제 퇴직을 하신지도 오래돼서 적은 용돈으로 생활하십니다. 그러나 식후 참스만큼은 늘 잊지 않고 챙기십니다. 저도 평소에 사탕을 잘 먹지 않지만 참스만큼은 언제 먹어도 참 맛있습니다.

내담자 분들과 얘기를 나누다 보면, 감기에 걸릴 때마다 아버지가 챙겨주시던 오렌지 주스, 엄마 따라 시장 갈 때면 맛볼 수 있었던 핫도그 등으로 부모님의 사랑을 기억하는 경우가 있습니다.

부모님의 잦은 싸움과 간섭으로 힘들어하던 한 내담자는 몸이 아플 때 아빠가 자취방에 들러 냉장고 가득 채워 놓은 아이스크림 얘기를 하다 왈칵 눈물이 터졌습니다. 생각만 해도 가슴이 답답하고 원망스러운 아빠지만, 아이스크림을 떠올리면 아빠를 미워할 수만은 없습니다. '아빠도 나름 나를 많이 사랑해주긴 했어요.' 그분과 저는 아이스크림 이야기를 한참 동안 나눴습니다.

말하지 않아도, 말보다 더 깊은 마음을 전할 방법이 없을까 고민될 때가 있습니다. 오늘 가을님의 아픈 심정을 들을 때도 그랬습니다. 그냥 손 한 번 잡아 드리고 싶기도 했지만 망설여졌습니다. 신체 접촉을 가을님이 불편해하실 수도 있기 때문입니다. 스킨십에 대한 느낌은 사람마다, 살아온 경험에 따라 다를 수 있고 민감한 문제일 수도 있습니다. 그래서 그냥 '손이라도 잡아 드리고 싶은 마음'이라고 말씀만 드렸습니다.

말로 전하는 마음이 가끔 한계가 느껴지고 부질없게 생각될 때가 있습니다. 많은 말을 할수록 사족으로 느껴지기도 하고요.

그럴 땐 그냥 함께 가만히 있어도 될 것 같습니다. 침묵으로 나누고 싶었던 마음이 가을님께도 가 닿을까요.

아빠의 참스처럼, 저도 상담실에 사탕을 준비해 두면 어떨까 싶기도 합니다. 별사탕을 구할 수 있다면 그것도 좋겠어요. 어릴 때 건빵 속에 하나둘 숨어 있던 별사탕을 찾아낼 때 참 반가웠거든요.

상담을 받는 게 늘 따뜻하고 좋기만 한 건 아닙니다. 아프고 불편한 얘기를 뒤집어내 바라봐야 하니 고통스럽게 느껴질 수도 있습니다. 힘든 얘기를 나눈 후 진이 쏙 빠진 분들께 집에 가서 맛있는 거 드시라고, 푹 쉬며 스스로 돌보시라고 말씀드리곤 합니다.

상담실을 떠날 때 입안에서 달콤하게 부서지는 별사탕을 맛보며 집으로 가신다면 어떨까 상상해 봅니다. 너무 가벼울까요? 아픈 얘기도 곱씹고 천천히 소화하셔야 하는데, 혹 재빨리 봉합하고 얼른 잊으시라는 메시지로 전달될까요?… 역시 상담은 쉽지 않습니다.

그 마음은 제 것이 아닙니다
전이 감정

B를 만난 건 몇 년 전 일입니다. 얼굴도 기억 못 할 정도로 어린 나이에 B는 엄마를 잃었습니다. B의 할머니는 손녀를 티 없이 키우려고 애쓰셨습니다. 그러나 B는 할머니와는 다른 엄마의 정을 그리워했습니다. 할머니가 엄마와 같을 수는 없었죠. 고등학교에 진학하면서 복잡한 대입 전형이나, 진로 문제로 고민할 때 엄마의 빈자리는 더욱 크게 느껴졌습니다.

B가 고3 올라가던 겨울 무렵 우리는 만났습니다. B의 성적은 상위권을 유지하고 있었습니다. 그러나 꿈꿔온 대학에 진학하기에는 무리가 있었습니다. 성적이 뜻대로 나오지 않으니 수험생으로서 스트레스는 말할 것도 없었습니다. 최근 건강이 부쩍 나빠지신 할머니께도 죄송할 따름이었습니다. '이제 좀 편하게 쉬셔야

하는데… 저 때문에 평생 고생만 하셨어요.' B는 또래보다 일찍
철이 들어버린 아이였습니다.

B 스스로도 자신의 기분을 정확하게 알기는 어려웠습니다. 이
제 곧 어른이 되어 덩그러니 세상에 내던져질 듯한 두려움을요.
그저 왜 그런지 자꾸 공부가 안 되고 성적이 안 나와 스트레스를
받는다고 느낄 뿐이었습니다. B를 향한 제 마음은 상담자라기보
다 이모 혹은 엄마의 마음에 가까웠던 것 같습니다. 엄마의 세심
한 손길 없이 자랐을 B가 안쓰러웠고, 그럼에도 이렇게 이쁘게 자
라줘서 기특했습니다.

B와의 만남은 여건 상 3개월의 상담을 끝으로 마무리 지어야
했습니다. 딱 친밀감을 느끼기 시작할 만할 때까지였습니다. 가까
워질 만하니까 헤어지는, 훈훈한 추억만 남은 관계였습니다. 다행
히 B는 조금은 부담을 내려놓고 힘을 내 학업에 열중할 수 있었습
니다.

상담이 끝난 지 1년쯤 지난 후 B로부터 연락이 왔습니다. 재
수를 하기로 결정했다고 했습니다. 우울감이 다시 찾아왔는데 병
원에서 약을 먹는 건 어떨지 물어왔습니다. 병원 치료에 대한 정
보를 알려 주면서 얼굴이나 한번 보자고 B에게 말했습니다. 별도
의 상담비는 내지 않아도 되는 상황이었습니다. 오죽 힘들었으면
혼자 병원에 갈 생각을 했을까, 고민하다 어렵게 연락했을 걸 생
각하니 안타까웠습니다. 만나서 격려하고 용기를 주고 싶었습니

다. 그러나 B는 오지 않았습니다. 또다시 힘들어진 모습으로 만나고 싶지 않다고, 꼭 잘 돼서 찾아오고 싶다고 했습니다.

저는 탄식했습니다. 솔직한 마음도 표현하고, 실패하는 모습도 보여주고, 편하게 응석도 부릴 수 있을 때까지 충분히 진행되지 못한 상담이 아쉬웠습니다. 엄마가 되어줄 수도 없으면서 환상만 남긴 건 아니었나 마음이 복잡했습니다.

가을님이 저에 대한 개인적인 궁금증을 물어오실 때, 내담자들과의 관계가 가깝게 느껴지기 시작할 때 여러 가지 생각을 합니다. 상담자는 늘 어느 정도의 거리를 유지하며, 자기 노출을 많이 하지 않으려고 합니다. 질문에도 질문으로 주로 답을 하는 상담자가 어떻게 느껴지실까요. 조금은 멀게, 혹은 비겁하게 느껴질지도 모르겠습니다.

그러나 가을님이 지금 제게 느끼시는 감정은 진짜 저를 향한 것이 아닐 수 있습니다. 저로 인해 떠오른 가을님의 어머니, 또는 소중한 다른 인연에 대한 마음일 수 있습니다. 상담을 하는 과정에서 상담자에 대해 내담자가 느끼는 이러한 감정을 '전이'라고 합니다. 자신에게 중요했던 대상(예를 들면 부모)에게 느꼈던 감정을 상담자에게 투사하는 것입니다. 긍정적인 감정뿐 아니라, 때론 부정적인 마음 또한 상담자에게 느껴질 수 있습니다. 상담자 또한 내담자에 대해 특별한 감정을 경험할 수 있습니다. 상담자의 삶에서 만났던 어떤 사람, 혹은 자기 안의 해결되지 않은 마음을 내담자를 통해 만나기도 합니다. 이를 '역전이'라고 합니다.

상담을 하는 동안 이것이 결국 서로를 향한 마음이 아니었음을 알게 됩니다. 엄마나 다른 이에게 품었던, 느끼고 싶고 피하고 싶었던 감정임을 깨닫습니다. 그리고 자신의 깊은 소망과 갈등을 이해하게 됩니다. 상담자는 그러한 감정을 촉발시키는 매개체인 셈입니다.

그렇다면 상담자와 내담자의 만남은 진짜 관계로 나아가기 위한 가짜 만남인 걸까요. 더욱이 비용을 지불하는 관계이니, 이 만남의 실체는 가상현실 같은 서비스일 뿐일까요.

그렇게 생각하지는 않습니다. 그 순간 우리가 느끼는 감정들은 모두 진짜니까요.

어린아이들이 어디를 가든 아끼는 인형이나 쿠션 같은 물건을 안고 다니는 걸 보신 적 있을 거예요. 스누피 만화에 나오는 라이너스라는 친구가 항상 담요를 끌고 다니는 것처럼요. 아기가 한 개인으로 엄마와 분리되는 과정에서 엄마를 대신할 대용품으로 이러한 애착 대상을 필요로 합니다. 심리학에서는 이를 '중간 대상(transitional object)'이라고 합니다.

나이를 먹어 더 이상 중간 대상이 필요 없다고 해서 그 시절 우리와 함께 했던 곰돌이 인형이 소중하지 않았던 건 아닙니다. 그래서 우리는 〈토이스토리〉 애니메이션 속 장난감들을 보면서 뭉클해지고, 〈곰돌이 푸 다시 만나 행복해〉라는 영화를 보면서 어리석고 게으른 곰의 느릿한 목소리에 위로를 받는지 모릅니다.

우리의 만남이 진짜인지 가짜인지 굳이 따질 필요는 없을 것 같네요. 다만, 저에 대한 친밀감이 느껴질 때는 기억해 주세요. 언젠가는 정반대의 서운함과 불편한 마음, 멀어지고 싶은 마음도 함께 일어날 수 있다는 걸요. 그런 시간을 함께 통과한 후 저는 이상적이지도, 냉정하지도 않은 그저 당신 편인 사람으로 기억되면 좋겠습니다. 언제든 보고 싶을 때면 다시 꺼내볼 추억이 되고, 만날 수도 있는 한 사람으로 남았으면 좋겠습니다.

상담이 끝난 후, 그들은 어떻게 되었을까
상담 종결, 그 후

학교나 기업 상담에서처럼 상담 횟수가 미리 정해져 있지 않다면, 상담이 언제 끝날지는 상담자와 내담자의 합의에 달려 있습니다. 내담자가 얘기를 꺼내기도 하고, 상담자가 종결 시점에 대해 먼저 논의하기도 합니다. 처음 상담에 올 때 가져왔던 문제가 어느 정도 변화하거나, 적응 수준이 높아지고, 성격에 변화가 일어나기도 하고, 주변 관계가 개선되는 등 여러 가지 징후들을 느낄 때, 이제 상담이 끝나가는구나 알게 됩니다.

상담이 진행되는 도중에 중단되지 않고, 갑자기 연락이 끊기지도 않고, 목표를 어느 정도 달성했다고 서로가 느껴 상담이 끝나는 경우를 동료들끼리 '아름다운 종결'이라고 부르기도 했습니다.

작년에 이메일 한 통을 받았습니다. 2년 전쯤 상담을 했던 내담자의 편지였습니다. 당시 우울감이 심해 굉장히 힘들어하던 내담자였습니다. 상담이 끝나고 이렇게 안부를 전해주는 경우는 흔치 않습니다. 가끔 상담받던 시절의 기억이 난다고, 지금은 그럭저럭 잘 지내고 있다고 했습니다. 여러 차례 자해를 해서 마음이 많이 쓰였던 분이었는데, 이렇게 소식을 전해주니 얼마나 반갑고 고맙던지요.

상담이 끝나고 나면 대부분의 내담자 소식을 알 수 없게 됩니다. '그 후로도 오랫동안 행복하게 살았답니다'로 끝을 맺는 동화처럼, 상담도 종결을 하고 나면 뒷이야기를 알 수가 없습니다.

가끔 종결한 내담자들이 생각나고 궁금해질 때가 있습니다. 어떻게 지내고 있을까, 별일은 없을까, 무소식이 희소식이기를 기원할 뿐입니다. 상담 경험이 좋았다면 또다시 힘든 일이 있을지라도 다른 상담자에게라도 도움을 받겠지 생각합니다.

가끔은 예전에 종결한 내담자를 우연히 마주칠 때도 있습니다. 그러나 많은 분들이 상담실이 아닌 곳에서 상담자와 만나면 당황하고, 인사 나누기를 주저합니다. 다른 사람들과 함께 있을 때는 더욱 그렇습니다. 충분히 이해가 됩니다. '상담의 추억'이라는 게 아름답고 행복하지만은 않을 겁니다. 고통스러운 기억이 함께 떠오르는 일일 테니까요. 상담 경험을 주변 사람들에게 알리고 싶어 하지 않을 수도 있습니다.

미국의 심리치료사 로버트 U. 아카렛은 이러한 궁금증을 직접 해결하기로 마음먹었습니다.

상담 이후에도 내담자들이 잘 지냈는지, 상담이 정말 그들의 삶에 장기적으로 효과가 있었는지 확인하고 싶었던 아카렛은 몇몇 내담자들에게 연락을 했고, 전 세계로 내담자들을 찾아 여행을 떠났습니다. 『심리치료 그 30년 후의 이야기』는 과거에 상담했던 내담자를 다시 만난 상담자의 이야기입니다.

아카렛은 5명의 예전 내담자를 찾아 재회했습니다. 그중 한명은 평생을 괴롭히던 자기 증오에서 벗어났고, 다른 내담자는 우울증을 떨쳐 냈으며, 분노와 죄책감에서 벗어난 이도 있었습니다. 그러나 그들 중 아무도 '완벽하게' 치료되지는 않았습니다. 간혹 우울하고 허전해지기도 하고, 깊은 갈망을 여전히 안고 있기도 합니다. 그러나, 그들은 상담을 받고 나서 '대체로' 이전보다는 좋은 삶을 살고 있었습니다.

나머지 2명의 내담자는 상담 이전보다 나은 삶을 살고 있다고 말하기 어려웠습니다. 처음 상담에 왔을 때 호소했던 증상은 해결된 것처럼 보였지만, 궁극적으로 무엇이 더 좋은 삶인가 하는 의문이 남았습니다. 위험한 사랑이라도 그것을 잃고 무감각한 상태로 생존하는 것, 혹은 더 이상 외도를 하지 않지만 예술을 잃는 것, 과연 무엇이 더 나은 삶인지, 상담의 효과를 무엇으로 봐야 하는가의 문제가 여전히 남아 있었습니다.

아카렛의 슈퍼바이저(상담자의 교육수련을 담당하는 지도 감독자)였던 에리히 프롬(Erich Pinchas Fromm)은 치료의 목적이 '단지 기분 좋은 상태'를 만드는 것이 아니라 '살아있는 기분을 느끼는 것, 다양한 감정에 더더욱 동참할 수 있는 것, 생산적으로 살 수 있는 것'이라고 말했다고 합니다. 그리고 치료의 효과란, 아카렛이 에필로그에서 얘기하듯 상담자가 아닌 내담자 스스로 판단하는 것입니다.

어느 상담자나 상담 그 후의 이야기가 궁금해질 때가 있을 겁니다. 내가 한 상담이 오래도록 효과가 있었을까 알고 싶은 마음도 있습니다. 그럼에도 불구하고 아카렛은 왜 과거의 내담자들을 직접 찾아 나서기까지 했을까요. 무엇을 확인하고 싶었을까요.

처음 상담자가 되고자 마음먹을 때, 대학원 입학이나 자격증 시험에서 '왜 상담자가 되고 싶은가'하는 질문을 한 번쯤 받게 됩니다. 책을 읽으며 저는 다시 한번 이 질문을 스스로에게 던져 보았습니다. 왜 상담을 하는지, 무엇이 좋아서, 무엇을 얻고자 이 일을 하는지.

고통과 혼란 속에 있던 내담자들이 이전보다 한결 안정되어 보일 때, 호소했던 문제가 나아지는 것처럼 보일 때, 내담자의 문제 해결 능력이 증진되었을 때, 그들이 더 이상 상담이 필요 없을 것 같다고 말할 때 상담자는 안도하고 보람을 느낍니다.

내담자와 만나는 과정에서 함께 무언가를 알아 가고, 성장해 가는 충만한 기쁨은 어떤 책에서도 느낄 수 없습니다. 내담자의 삶의 퍼즐이 마침내 좌르르 맞춰지고, 성큼 앞으로 나아가는 모습을 바라볼 때의 놀라움과 감동은 어떤 영화에서도 느낄 수 없습니다.

상담자들 저마다 얻고 있는 것, 느끼고 싶은 것, 알고 싶은 무언가가 있기에 계속해서 상담을 하는 걸 겁니다.

과거의 내담자들과 만나는 5편의 이야기 중, 아카렛이 에리히 프롬에게 슈퍼비전을 받는 부분을 저는 특히 재미있게 봤습니다. 에리히 프롬이 아카렛에게 이런 질문을 합니다.

"박사, 당신은 내담자를 통해 당신 자신의 어떤 점을 알게 되었나요?"

자신이 질문을 잘 못 들었다고 생각한 아카렛은 "세스(내담자)에 관해서요?" 하고 되묻습니다. 이에 프롬은 다시 말합니다.

"아니요. 당신 자신에 대해서요. 아카렛, 당신이 세스에 대해 알게 되는 사실은 당신이 당신 자신에 대해 알게 되는 사실을 근거로 하거든요… 우리는 결코 그 누구도 치료하는 게 아니에요. 내담자들이 스스로를 치유하는 동안 우리는 가만히 기다리며 응원할 뿐이지요."

가을님. 저는 당신을 고치거나 변화시키기 위해 여기 있는 게
아닙니다. 당신 자신의 길을 걸을 수 있도록 잠시 손잡고 동행하
고 있을 뿐입니다. 그 과정에서 저도 제 자신에 대해 배워갑니다.
저에 대해 잘 알수록 당신에 대해서도 명료하게 이해하게 될 겁니
다. 우리 자신에 대해 알게 될수록 우리는 앞으로 다가올 길을 잘
찾아갈 수 있을 겁니다. 그렇게 우리는 함께 성장하고 있습니다.

2장

고통의 이름 – 마음을 이해하는 중입니다

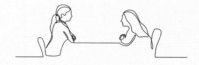

"킨츠키를 아세요? 특별한 물건을 깨뜨려서
그걸 다시 금으로 붙이는 예술 기법이죠.
당신의 흉터는 당신이 깨졌다는 걸 뜻하는 게 아니라
치유되었다는 증거입니다."

-〈키딩(Kidding)〉중에서-

지금 왜 아픈지
심리적 어려움이 생기는 이유

　가을님, 어떻게 해서 상담에 오시게 되셨는지 물었을 때 당신은 사는 게 통 재미가 없고, 의욕도 없고, 귀찮기만 하다고 했습니다. 어떤 날은 기운이 너무 안 나서 하루 종일 누워있고만 싶은데, 회사에 안 갈 수는 없어 할 수 없이 일어난다고 했습니다. 짜증도 많이 나서 별거 아닌 일로 남편에게 쏘아붙이다 싸움이 되는 일이 잦아졌다고 하셨죠. 전에는 바빠도 짬을 내서 운동을 다니고, 주말이면 남편과 여기저기 나들이도 했는데 코로나 이후로는 회사와 집을 오가는 단조로운 생활이 이어지고 있다고 했습니다.

　우울의 증상은 사람마다 다르게 나타납니다. 어떤 사람은 눈물이 많아지고 침대에서 꼼짝도 하지 못해 외출 자체가 어려워지기도 하고, 어떤 사람은 생활의 활력이 부족해져 무기력하다고 느끼기도 합니다. 화가 많아지는 경우도 있습니다. 자신의 감정을 잘 모르거나, 제대로 표현할 줄 모르는 분들은 우울감이 화로 드러나기도 합니다. 싸움을 많이 하고 화를 자꾸 내서 왜 저러나 하고 보면 사실 우울한 겁니다.

지금 왜 힘이 든지 모르겠다고 당신은 말했습니다. 6개월 전쯤 옮긴 직장은 이전보다 한결 편하다고 했습니다. 예전에는 거리가 너무 멀어서 힘들었는데, 새로 옮긴 직장은 집에서 훨씬 가깝고 대우도 좋아졌습니다. 물리적인 조건은 전보다 나아진 것 같네요. 하지만, 조금 더 얘기를 나눠보니 직장의 분위기는 많이 다른 것 같습니다.

이전 직장은 비교적 분위기가 좋고, 오랜 직장생활을 통해 동료들과의 관계가 돈독했던 것 같습니다. 힘든 일이 있고, 스트레스가 심해도 수다를 떨고 지지를 받으며 견딜 수 있었나 봅니다. 남편과 다투거나 집안일로 스트레스를 받을 때도 동료들과 커피 한잔 하며 털어낼 수 있었다고 했습니다.

환경적인 조건은 나아졌지만, 매일같이 얼굴 보고 어울려 밥 먹고 차 마시던 친구들을 당신은 잃었습니다. 어쩐지 거리감이 느껴지는 동료들. 다른 직원들끼리는 허물없이 지내는 것처럼 보입니다. 직장을 옮긴 지 반년이 되어가는데 당신은 좀처럼 편해지지 않는다고 했습니다. 소외감을 느끼지 않았을까요?

코로나로 회식도 거의 없고, 일과 후에 어울리는 일도 없다 보니 더더욱 가까워질 기회가 없어지고, 혼자만 보이지 않는 벽 바깥에 서 있는 기분이 든다고 했습니다. 낯선 직장에서 새로운 업무에 적응하는 것도 쉽지 않았을 텐데, 그걸 나눌 사람이 없으니 힘들고 외롭게 느껴졌을 것 같네요.

어린 시절을 살펴보니 당신은 전학을 자주 다녔습니다. 집안 사정으로 전학을 할 때마다 적응하는데 시간이 한참 걸렸다고 했습니다. 새로운 친구들이 무리에 껴주지 않아 어쩌다 보니 한 학기 내내 혼자 밥 먹고 책만 보던 시기도 있었다고요.

초등학교 6학년 때 학급의 거의 모든 여학생들이 우르르 한 아이의 생일 파티에 가던 날을 당신은 생생하게 기억하고 있었습니다. 삼삼오오 몰려가며 생일 선물 이야기를 나누고, 새로 나온 게임을 누가 먼저 할지 투닥거리고 깔깔거리던 아이들. 흘낏 당신을 쳐다보던 한 아이와 잠시 눈이 마주쳤을 때, 같이 가자고 불러줄지 모른다는 희망이 순간적으로 스쳤습니다. 그러나, 그 아이는 다른 친구의 팔짱을 끼고 휑하니 멀어져 갔고, 그런 친구들을 바라보며 어린 당신은 집으로 발길을 돌렸습니다.

그때 당신은 창피했다고 했습니다. 외톨이인 나를 다른 애들이 어떻게 볼까 두려웠고, 한없이 초라하게 느껴졌다고 했습니다. 그래서 괜찮은 척 당당한 척하려고 했다고요. 속으로 '너희들 다 필요 없다, 혼자라도 괜찮다.' 다짐하면서요. 공부도 악착같이 더 열심히 했다고 했습니다. 그러나 속으로는 자기들끼리 몰려다니며 수군거리는 것 같아 친구들이 미웠고, 나를 이상하게 볼까 봐 눈치 보였다고 했습니다. 아무것도 모르고 관심도 없는 선생님도 싫었고, 기껏 적응해서 지낼만하면 정든 학교를 떠나 전학을 하게 만든 부모님이 원망스러웠다고 했습니다.

우리가 살면서 받은 크고 작은 상처들이 마음에 흔적을 남깁니다. 어떤 경우엔 그 흔적이 잘 아물어 별다른 문제를 일으키지 않지만, 때로는 제대로 아물지 않은 채 남아있다가 비슷하게 느껴지는 사건을 다시 경험할 때 우리를 아프게 합니다.

너무 오래전 일이라 이미 잊고 지냈는데, 그 후로 괜찮았다고 생각했는데 우리의 마음은 그 일을 잊지도, 잘 소화하지도 못한 채 그냥 반창고로 덮어두었던 겁니다. 속에서는 곪는지 썩는지도 모르는 채 말이죠.

새로운 직장에서 자기들끼리 웃으며 담소를 나누는 동료들을 볼 때, 밥을 먹으러 가면서 조금은 멀찍이서 따로 걸을 때, 상사의 질책을 받다가 주변을 돌아봐도 따뜻한 눈길을 나눠주는 동료를 발견하지 못했을 때 당신은 어떤 마음이었을까요. 새 학교에서 혼자 밥을 먹던 작은 아이의 마음이 아녔을까요.

이러한 변화가, 외로움과 소외감이 당신의 약해진 마음을 무너뜨리는 결정적 한 방이 되었을 수도 있겠습니다. 물론 그게 전부는 아닙니다. 유독가스가 꽉 찬 방에 무심코 떨어진 작은 불씨

역할을 했을 뿐인지도 모릅니다. 그동안 무엇이 당신을 힘들게 해
왔고 갉아먹고 있었는지 우리는 계속해서 찾아봐야 합니다.

　　그래서 상담에 오면 부모님과 가족에 대해, 친구와 학교생활
에 대해, 또 직장에 대해, 당신이 기억하는 삶의 이야기들을 살펴
봅니다. 오랜 시간이 흘러 잊고 지냈거나, 다 지나 별일 아닌 것 같
던 일들이 당신에게 어떤 의미로 남았는지 이해해야 합니다. 그
일들이 더 이상 당신을 휘두르지 못하도록 함께 그 일들을 찬찬
히 들여다볼 겁니다.

알아차림으로 시작합니다
감정 알아차리기

지난주에도 별일 없이 평범하게 지냈다고 하시며 당신은 살짝 웃습니다. '특별한 일은 없었는데요…' 하시면서요. 그런데 가끔씩 이유 없이 기분이 갑자기 나빠지고, 아무 의욕이 안 날 때가 있다고 하셨습니다.

가을님이 생각하는 분명한 이유(남편과 크게 싸웠다거나, 회사에서 극심한 스트레스를 받았다거나, 신변에 좋지 않은 일이 생겼거나)가 떠오르지 않을 수도 있습니다. 가을님이 생각하기에 기분이 나빠질 만한 '정당한 사유'가 아니어도, 작은 자극으로도 우리 기분은 변할 수 있습니다. 그게 너무 경미하게 느껴지고, 순간적으로 스쳐 지나가서 무엇 때문에 기분이 변했는지 알아차리지 못할 수 있습니다.

우리의 기분이 우울해지거나, 화가 나거나, 불안해지는 경우, 직접적인 원인이 있을 때도 있지만, 때론 굉장히 작고 사소해 보이거나, 그저 스쳐가는 일들 — 누군가가 던진 가벼운 말, SNS에서 본 사진, 날씨 등 — 이 불씨가 되어 기분 촉발의 도화선에 불을 붙이기도 합니다. 그런 불씨들이 이전의 불쾌했던 기억을 연상시키기도 하고, 여러 가지 부정적인 생각들로 이어지기도 합니다.

지난주에 있었던 일들을 떠올리던 중 가을님은 며칠 전 팀원들과의 식사를 생각해냈습니다. 점심을 먹으면서 가을님은 잘 모르는 내용에 대해 동료들이 얘기를 나누었고, 슬쩍 끼어들어 볼까 시도했지만 성공적이진 못했습니다. 대단히 기분 나쁠 일은 아니라고 가을님은 말했지만, 비슷한 상황이 전에도 있었기에 썩 유쾌하지는 않았다고도 했습니다.

겉도는 느낌이 들어 어색하게 앉아있는데 과장님으로부터 '가을 씨는 원래 그렇게 말이 없어요?' 하는 얘기를 듣고 더욱 불편해졌다고 했습니다.

주말에 시댁에 갔을 때는 시부모님께서 임신 걱정하시는 소리를 들었다고 했습니다.

'내 몸이고, 내 삶인데, 너무들 쉽게 얘기하는 것 같아 기분이 좀 그렇더라고요… 시댁에 가면 어쩐지 초라해지는 기분이에요. 밥 해 먹고 설거지하는데, 문득 여기 나한테 관심 있는 사람은 없구나 싶었어요. 그냥 집안일하는 '여자 1'이 된 기분이랄까요…'

그러면서도 마음 한구석에서는 일도, 가정도 유능하게 척척 꾸려가는 친구들이 떠올랐다고 하셨습니다. 다들 잘만 해나가는데 왜 나는 이렇게 모든 게 어렵게 느껴질까. 내가 너무 나만 생각하는 건가, 제대로 하는 일 하나 없이 쩔쩔매는, 무능하고 이기적인 사람 아닌가 싶어진다고요.

상담을 시작할 땐 별일 없는 한 주였다고 하셨는데, 막상 얘기를 나누다 보니, 이런저런 마음의 부침이 있었네요. 가을님이 보시기에 '사소하고 별일 아닌' 일상 속의 에피소드가 여러 가지 생각과 감정을 불러오는 촉매가 될 수 있습니다. 과거의 힘들었던 기억을 연상시킬 수도 있고요. 그러다 잡념에 깊이 빠져들기도 합니다.

'무슨 얘기지? 나 빼고 종종 만나는 것 같은데… 내가 뭔가 분위기를 불편하게 만드나?… 이러다 왕따 되는 거 아냐, 이미 왕따인 것 같은데…'

혼자만의 생각은 꼬리에 꼬리를 물고 이어져, 직장에서 왕따가 되고, 친한 친구들도 모두 떠나고, 아이도 없이 남편과도 헤어져 고독사 하는 장면이 떠오릅니다. 미래에 대한 파국의 시나리오로 이어지며 혼자만의 상상 극장을 펼치게 되죠.

혹은 과거에 지나간 고통스러운 일을 머릿속으로 무한 반복하여 상영합니다.

'어머니는 친절한 것 같으면서도 은근히 콕콕 찌르는 말을 하셔. 일부러 그러시는 건지… 지난번에도… 그럴 때 신랑이 내 편이 되어주면 좋을 텐데… 내가 그때 딱 부러지게 얘기를 했어야 하는데…' 하고 후회하거나 분노와 원망의 수렁으로 빠져들기도 합니다.

자, 이렇게 기분이 바닥까지 치닫기 전에 먼저 가을님의 기분 변화를 차근차근 알아차릴 수 있으면 좋겠습니다. 어떤 일이 내게 자극을 주는지, 기분이 어떻게 변해가는지 섬세하게 느낄 수 있으면 좋겠습니다.

가을님은 '갑자기' 그리고 '이유 없이' 기분이 변한다고 하셨는데요. 우리 마음과 머릿속에서 일어나는 변화가 워낙 빠르고 자동적이어서 '갑자기'로 느껴질 수 있습니다. 그리고 기분의 변화를 잘 모르고 있다가 아주 많이 나빠진 후에 깨닫기 때문에 '이유 없이' 바뀌었다고 생각할 수 있습니다.

이렇게 한 번 해보시겠어요? 시간을 정해두고 정기적으로 기분을 체크해보는 겁니다. 아침에 눈 떠서 한 번, 오후에 한 번, 저녁에 잠들기 전에 한 번, 이런 식으로 나름의 간격을 정해두고 기분을 살펴보세요. 어려우시면 하루 한 번이라도 좋습니다. 지금 내 감정이 어떤지, 편안한지, 신나는지, 초조한지, 즐거운지, 짜증이 나는지, 긴장되는지, 싱숭생숭한지, 답답한지, 활기찬지… 잠시라도 짬을 내어 내 마음을 들여다봅니다. 하던 일을 멈추고 내가 느끼는 기분을 알아차리고 감정에 이름을 붙여보면 좋겠습니다.

저는 일과 중에 잠시 짬을 내 아무것도 하지 않는 시간을 갖고자 합니다. 조용히 멈춰있다 보면 몰랐던 기분이나 신체적인 증상도 알게 되고, 어떤 마음이 드는지도 살펴보게 됩니다. 미처 모르고 지냈던 나의 마음과 몸의 상태를 바라보고 알아차리게 됩니다.

감정 일기를 쓰는 방법도 있습니다. 꼭 길게 쓸 필요는 없습니다. 다만, 어떤 일이 있었는지 사건을 나열하는 데 그치지 않고, 감정에 초점을 두어 글을 씁니다. 인상적인 일을 떠올려보고, 그에 따른 감정이 어땠는지 찾아봅니다. 또 감정과 함께 떠오른 나의 생각도 기록해 봅니다.

처음에는 연결 고리를 찾기 어려울 수 있습니다. 그래도 괜찮습니다. 할 수 있는 만큼 해보면서 사건- 감정- 생각을 연결 지어 봅니다. 예를 들어 볼게요.

> "한 부하 직원을 야단쳤다. 그 친구를 유난히 자주 야단치게 된다(사건).
> - 그 직원을 보면 자꾸 화가 난다. 말투가 묘하게 기분 나쁘다(감정).
> - 부하 직원이 나를 무시한다는 생각이 든다. 시건방진 둘째 동생이 떠오른다(생각)."

이러한 연결 짓기를 통해 드러나는 사건과, 행동 뒤에 숨겨진 감정, 그리고 감정을 일으키는 이유가 되는 생각이 드러납니다.

감정은 나를 이해하는 중요한 단서가 됩니다. 요즘 내가 자주 느끼는 감정이 무엇인지, 그런 감정이 드는 이유는 어디에 있는지, 감정과 함께 어떤 생각이 스쳐가는지, 어떤 일에 자극을 받아 기분이 변했는지 차근차근 찾아보며 나에 대해 조금씩 알아갈 수 있습니다.

기분을 왜 자꾸 묻는지
감정이 신호등입니다

배트맨으로 유명한 크리스천 베일이 출연한 〈이퀼리브리엄 (equilibrium)〉이라는 영화를 아시나요? 화려한 액션뿐 아니라 묵직한 주제가 인상적인 영화입니다. 이퀼리브리엄은 균형, 마음의 평정이라는 뜻인데요. 영화는 3차 세계대전 이후라는 가상의 미래를 그리고 있습니다.

영화 속 세계에선 인간의 감정이 위험한 것이며, 전쟁을 일으킨 악의 근원이라고 봅니다. 그래서 감정을 느끼지 못하도록 약물로 사람들을 통제합니다. 이렇게 엄격하게 사람들을 관리하는 사회에서 조금이라도 감정을 드러내는 사람은 중범죄자로 처벌받고, 감정을 유발하는 예술 작품은 발견 즉시 소각됩니다.

예전에 상담을 하면서 만났던 C님이 감정 따위는 차라리 없는 게 낫겠다고 했던 게 기억납니다. 감정이 없었다면 보다 침착하고 현명하게 행동할 수 있었을 거라고요. 그놈의 버럭 하는 습관 때문에 일을 그르치고, 주변 사람들과의 관계에도 자꾸 문제가 생겼습니다. 직장에서는 승진의 기회를 앞두고 상사와 마찰이 잦아 부서 이동을 해야 했습니다. 상담에 온 것도 욱하는 성질을 바꾸지 못한다면 이혼하겠다는 아내의 경고 때문이었습니다.

상담을 할 때 상담자는 감정을 자주 묻습니다. 지금 기분이 어떠냐, 어떤 느낌이 드냐. 기분을 묻는 질문을 받으면 가을님은 잠시 침묵하기도 하고, 망설이며 어려워하시기도 합니다. 기분을 묻는데 상황을 설명하거나 생각을 말하기도 하고요. 많은 분들이 감정을 말하는 걸 낯설어하고 불편해하십니다.

저도 내담자로서 개인 상담이나 집단 상담을 받았을 때, 감정에 대해 물어오면 갑자기 말문이 막히며 당황스러울 때가 있었습니다. 무슨 감정인지 잘 모를 때도 있고, 장황하게 설명을 하면서 기분을 꼭 말해야 하나 불편하기도 했습니다. 막상 질문을 받으면 감정을 알아차린다는 게 쉽지 않을 때가 있습니다.

현대 사회는 사람들이 감정을 잘 느끼고 표현하도록 하기보단 가급적 참고, 드러내지 않도록 권장합니다. 감정이란 불편한데 통제도 잘 안 되는, 내 안에 숨겨진 사고뭉치쯤으로 취급하고 있는지도 모르겠습니다.

〈이퀼리브리엄〉의 주인공은 감정 유발자들을 색출거나, 예술품을 소각하는 임무를 맡은 군인입니다. 그런데 한 번 감정을 통제하는 약물을 거르면서 인간의 감정이라는 것을 알아버립니다. 평생 처음으로 뭔가를 '느낀' 겁니다. 감정을 느끼기 시작하자 호기심이 생겨 견딜 수가 없습니다. 약을 끊자 떠오르는 태양을 바라보며 경이로움을 느끼고, 장엄한 음악을 들으며 눈물을 흘립니다. 감정의 해악에 대해 평생 학습하고 억압해 왔지만, 감정이 주는 아름다움과 감동은 몰랐던 겁니다.

분노나, 불안, 수치심, 슬픔 등을 우리는 부정적인 감정이라 여깁니다. 우리를 고통스럽게 하고 생활하는 데 방해가 된다고 여겨 빨리 없애고 싶어 합니다. 그래서 느껴지는 기분을 모른 체하거나 억압합니다. 그런데 이러한 태도가 계속되다 보면 부정적인 감정만 못 느끼는 게 아닙니다. 긍정적인 감정에도 무뎌지기 쉽습니다. 어떤 일에도 그저 둔감해지는 거죠. 행복감도 짜릿함도 설렘도 잘 느끼지 못하니 재미가 없고 단조로운 상태가 됩니다.

불안이나 분노 같은 감정이 문제가 되는 것만은 아닙니다. 사실 우리의 생존에 없어서는 안 되는 중요한 기능을 합니다. 만약 불안을 느끼지 못한다면 어떤 위험이 닥쳐와도 위험한 줄 모르고 무모하게 어리석은 행동을 할 수 있겠죠. 미래에 제대로 대비하지 못하거나 때론 생명의 위협까지 자초할 수 있습니다. 부끄러움을 모른다면 사회에서 배척받을 행동을 하면서도 아무런 거리낌이 없을지 모릅니다. 화를 느끼지 못한다면 부당하거나 억울한 일을 당하는지조차 모르고 막아내기도 어려울 겁니다.

시시각각 밀려오는 경험들 속에서 나에게 좋고 나쁜 것, 위험한 것이 무엇인지 알려주는 것이 감정의 역할입니다. 감정은 삶의 신호등이나 나침반 같은 신호가 되어 줍니다. 지금 내가 어떤 상황에 처했는지, 어디로 나아가야 할지 순간순간 알려줍니다. 감정을 민감하게 알아차리고 이해할 수 있다면, 우리는 조금 더 나를 잘 알게 됩니다. 나에게 무엇이 필요한지 알 수 있습니다.

그런데 때로는 신호등이 조금 고장 나 있는 경우도 있습니다. 엉뚱하게 하루 종일 켜져 있기도 하고, 먹통이 되어 신호를 보내지 않기도 합니다. 교통 신호가 고장 나면 도로 상황이 온통 엉망으로 꼬여버리겠죠. 우리의 감정 신호도 제대로 기능하지 못할 때가 있습니다. 감정을 영 못 느끼기도 하고, 감정이 과잉된 상태가 되기도 합니다. 또 감정 조절이 잘 되지 않기도 하죠. 그래서 제대로 된 감정 활용법을 배울 필요가 있습니다.

앞서 말씀드린 감정이 없었으면 좋겠다는 C님도 복잡한 감정을 느끼고 이해하는 게 도움이 되었습니다. 그분의 화는 열심히 살아도 알아주지 않는 세상에 대한 분노이기도 하고, 다른 이들로부터 배척당하는 느낌에서 오는 억울함이기도 했으며, 삶에서 잃어버린 것들에 대한 우울함이기도 했습니다. 이런 여러 가지 감정들이 겉으로는 '화'의 모습으로만 드러났던 거죠.

특히 청소년들이나 남성들의 경우 감정을 잘 이해하지 못해 우울감을 화로 드러내는 경우가 종종 있습니다. 이런 경우를 '가면 우울증'이라고 하기도 합니다. C님도 화를 내고 싸우는 모습 뒤에 숨어있는 감정들을 세분화하여 이해하고, 적절히 표현하는 방법을 배우기 시작했습니다.

상담을 하면서 기분을 자꾸 묻는 것도 그러한 이유입니다. 나에게 일어났던 일들이 어떤 의미인지 알기 위해 감정을 이용합니다. 꿈틀거리는 눈썹과 주먹을 통해 내게 일어난 일이 얼마나 부당했는지 알 수 있습니다. 숨죽이며 떨려 나오는 목소리를 느끼며 얼마나 무섭고 긴장했었는지 알 수 있고요. 감정이 느껴지는 곳에 중요한 단서가 있습니다.

나의 개인적이고 내밀한 역사는 다른 사람이 알 수 없고, 심리학책에도 나오지 않습니다. 당신의 감정이 당신이 더 잘 살아갈 방법을 알려줄 지도가 되어 줄 겁니다.

자꾸 눈물이 나는 이유
참는다고 사라지지 않습니다

　가을님. 상담에 올 때마다 힘든 얘기를 하고, 바보같이 자꾸 눈물을 흘리게 돼서 싫다고 하셨죠. 울고 싶지 않은데, 오늘은 울 것 같지 않았는데, 왜 상담실에만 오면 이렇게 눈물이 나는지 모르겠다고요.

　자꾸 눈물이 나는 건 가을님 안에 아픔과 슬픔이 그만큼 많았다는 얘기일 겁니다. 오랫동안 흐르지 못하고 고이고 막혀 있다가, 아주 조금 길을 터줬을 뿐인데 이렇게 터져 나오는 거죠. 그래도 여기서는 울어도 괜찮은가 보다 마음이 알고 있나 봅니다. 다행한 일입니다.

　어떤 분들은 상담실에서도 잘 울지 못합니다. 너무나도 가슴 아프고 힘든 얘기를 하면서도 아주 담담하고 차분하거나, 때로는 발랄하게 웃기도 합니다. 애기를 하는 자신과 아픈 경험을 한 사람이 다른 사람인 듯, 감정과 경험이 뚝 떨어져 멀찍이서 구경을 하는 느낌입니다. 감정이 잘 느껴지지 않게끔 스스로 만들어온 분들입니다. 감정에 빠지는 게 너무 고통스럽고, 살아가는 데 방해가 된다고 판단해 아예 느끼지 않는 게 견디기 수월했을지 모릅니다. 오랜 시간 훈련을 해오니 어지간한 일에는 끄떡 없이 감정이 무뎌졌을 테고, 고통을 잊고 살아가는데 어느 정도 도움이 되었을지도 모릅니다.

우리는 살아남기 위해 각자 나름의 전략을 찾아내는데, 그것이 꽤 도움이 되기도 하고 때로는 방해가 되는 형태로 남기도 합니다. 어떤 전략은 예전에는 도움이 되었지만 이젠 더 이상 필요 없고 오히려 불편하게 만들 뿐인데도, 오랫동안 굳어져 성격의 일부가 되어 버립니다. 아픈 감정을 모르는 척하고 꾹꾹 누르는 게 습관이 된 사람은, 설레고 신나고 행복한 감정에도 둔감해지기 마련입니다.

눈물을 흘리는 건 상담에서 너무도 자연스러운 과정입니다. 그래서 내담자가 눈물을 보이기 시작하면 상담자는 반가워하기도 합니다. 힘들고 아파서 눈물을 흘리는데 반갑다니 좀 이상하게 들릴까요. 당신의 아픔이 반가운 게 아니라, 이제 아픔을 조금씩 마주할 용기를 내었다는 게, 당신을 더 깊이 이해하게 될 것이기 때문에 반갑다는 뜻입니다.

즐겁고, 신나는 얘기만 하러 상담에 오는 건 아니기에 상담에선 나를 아프게 하고 괴롭혔던, 고통스러운 얘기가 나오기 마련입니다. 눈물이 난다는 건 일상에선 잘 드러내지 않는 자신의 속마음에 접촉하고 있다는 신호이기도 합니다.

저도 예전에 상담을 받을 때는 갈 때마다 울게 되어 스스로도 이해가 안 되고 짜증이 나기도 했습니다. '상담 선생님과 눈만 마주치면 울고, 무슨 말만 하면 울고, 누가 보면(누가 본다고) 대단한 비극의 주인공인 줄 알겠다, 이렇게 날씨도 좋은데 너무 칙칙해. 아, 싫다…!' 그런 생각을 했던 기억납니다.

하루는 자꾸 우는 게 너무 싫다고 했더니 제 상담 선생님이 담담하게 말씀하셨습니다. '그만큼 꽉 차 있어서 그렇죠.' 그런 말이었던 것 같습니다. 긴 말도 없이 그렇게 말씀하시곤 고개를 살짝 끄덕여 주셨는데, 마치 얼마든 울어도 괜찮다는 허락이라도 받은 듯 안심이 되어 그 후로도 한참 동안 상담 시간마다 눈물을 쏟았던 기억이 납니다. 그렇게 오래오래 울고 나니 나중에는 눈물이 좀 줄어드는 것 같더군요.

생각해 보면 제가 어린 시절엔 좀 울어도, 겁을 내도, 속상해해도 괜찮다고 말해주는 문화가 아니었던 것 같습니다. 요즘은 그나마 책이나 방송에서 감정을 표현하라고 알려주기도 하고, 감정교육의 중요성을 아시는 부모님이나 교사들도 종종 있습니다만,

여전히 막상 내 일이 되고, 내 가족, 내 자녀의 일이 되면 감정에 참 인색합니다.

슬프고 무섭고 화나는 감정이, 그런 감정을 일으키는 상황이 어른들도 두렵고 불편하기 때문이 아닐까요. 자신들도 어떻게 감당할지 배우지 못했기 때문에 역시 눈물은 얼른 뚝 그치고, 겁이 나도 안 무서운 척, 화가 나도 평온한 척 씩씩하게 앞으로 나아가야 하는 겁니다.

감정은 막는다고 막아지지 않습니다. 막은 것 같았지만 결국엔 엉뚱한 자리에서 흘러넘치거나, 뜻밖의 순간에 터져버리고 맙니다. 그럴 때는 내가 왜 이렇게 당황스러운지 이유도 알기 어렵습니다.

지금 가을님이 자꾸 눈물이 나는 것도 슬플 때 울지 못하고, 아플 때 아파하지 못했기 때문입니다. 언제까지라도 좋으니 충분히 눈물이 흘러가도록 내버려 두기로 해요.

마음은 죄가 없다
부정적인 감정이 불편하다면

상담을 할 때 빠지지 않고 등장하는 내용이 부모님에 대한 애기입니다. 많은 분들이 부모님에 대해 애기하는 걸 불편해하십니다. 가을님도 부모님 얘기를 할 때마다 '항상 그런 건 아니었는데, 잘해주신 것도 많았는데…' 하며 시작하시는 걸 보면, 부모님에 대한 부정적인 감정을 꺼내는 게 여전히 불편하게 느껴지시나 봅니다. 나름 최선을 다해 키워주셨는데, 이젠 나이 드시고 몸도 안 좋으신데, 뒤에서 험담이나 하는 것 같아 스스로 이기적으로 느껴진다고 하셨죠. 가을님 마음 충분히 이해합니다.

간혹 부모님에 대한 화제를 완강히 거부하는 분도 계십니다. '지금 이 문제는 부모님과 아무 관계가 없다. 어린 시절에 문제가 있어서 이렇게 됐다고 생각하지 마라.' 아예 못을 박고 가족사를 탐색하거나 문제를 연결 짓는 것을 탐탁지 않게 여기십니다. 네, 그분 말씀이 맞을 수도 있습니다. 지금의 문제에 부모님의 영향이 크지 않을 수도 있습니다. 얘기하다 보면 자연스럽게 알게 될 텐데 미리 단정 짓고 말도 꺼내지 못할 이유는 또 무엇일까요.

부모님은 우리가 태어나서 맺은 최초의 관계입니다. 어린 시절에는 가정이 우리의 세계입니다. 부모님이 나를 대하는 태도, 살아가는 모습, 부모님 두 분의 사이, 집안의 크고 작은 규칙, 이런 것들로부터 우리는 나 자신에 대해, 관계 맺는 법에 대해, 또 세상을 살아가는 방법에 대해 하나하나 배워갑니다.

학교에서, 친구들과의 관계에서, 일을 하면서도 다른 교훈들을 깨우치고 적응하며 부모님으로부터 독립하지만, 어린 시절의 경험은 알게 모르게 마음 깊은 곳에 저장되어 있기 마련입니다.

가을님은 남편 목소리가 조금만 커져도 가슴이 졸아들고 긴장이 된다고 하셨죠. 또, 기분 상할 것 같은 얘기는 어지간하면 꺼내지 않는다고 하셨어요. 그랬다가 서로 마음만 다치고 싸우게 되는 건 싫으니 그냥 내가 참고 말지 한다고요.

얘기를 나누다 보니 가을님의 친정에선 부부 싸움이라고 해봤자 아버지 혼자 일방적으로 화를 내시는 경우가 많았더군요. 화를 낼 때는 아버지가 소리를 지르고 물건을 던질 때도 있어 가을님과 형제들은 방에 들어가 조용해질 때까지 숨죽이곤 했다지요. 어머니 입장에서는 맞대응해봤자 말도 안 통하고 아버지 화만 돋우게 되어 싸움을 피하셨다고 했습니다.

지금 가을님도 남편의 언성이 높아질 때, 또 다른 사람들과의 관계에서 갈등이 생길 때, 나도 모르게 어린 가을님의 두렵고 긴장했던 감정이 함께 올라오고, 엄마가 사용했던 갈등 대처방식을 그대로 쓰고 있는지 모릅니다.

어떤 분들은 부모님에 대한 좋은 점만 얘기합니다. 부모님의 장점에 대해서는 이것저것 얘기를 하다가도 단점을 여쭤보면 잘 모르겠다고 하십니다. 남 앞에서 부모님에 대해 안 좋은 얘기를 하는 게 불편해서 말씀을 안 하실 수도 있고, 부모님의 부정적인 측면을 진짜 떠올리지 못하는 분도 있습니다.

세상에 완벽한 사람이란 없는 게 당연하고, 부모님도 당연히 여러 측면을 갖고 있기 마련인데, 단점을 떠올리거나 말할 수 없다는 건 그 자체로 의미 있는 신호입니다.

상담에서 부모님 얘기를 하는 것이 모든 문제를 부모님 탓으로 돌리기 위함이 아닙니다. 어린 시절 충족되지 않아 여전히 나를 힘들게 하는 감정이 있는지 찾아보고, 삶에 방해되는 양식으로 남아있는 사고나 태도가 어떻게 시작되었는지 이해하기 위함입니다. 그 뿌리를 살펴봐야 왜 그렇게 단단히 붙들려 있는지 알 수 있고, 벗어나는 데 도움이 될 겁니다.

마음속으로 우리는 어떤 상상을 해도, 어떤 감정을 품어도 괜찮습니다. 부정적인 감정을 품는다고 해서 당신이 나쁜 사람은 아닙니다. 마음속으로 우리는 누군가를 원망할 수도 있고 증오할 수도 있습니다.

때로 나쁜 생각을 한다는 것만으로도 심하게 자책을 해서 마음의 병을 키우는 분도 봅니다. 별별 생각을 다 한다 해도 생각은 생각일 뿐 그 자체로 문제 되지 않습니다. 오히려 두둥실 피어나는 감정을 억압하고, 없는 척하느라 에너지를 쓰고, 그 결과 다른 부작용이 생길 수 있습니다. 떠오르는 생각을 막을 도리가 없으니까요.

골이 깊은 감정이 충분히 흘러가고 나면 오히려 부모님의 다른 측면, 미워할 수만은 없는 모습도 함께 떠오르게 됩니다. 부모님을 불완전한 모습 그대로, 한 인간으로 균형 있게 받아들일 때 고통스러운 감정에서도 보다 자유로워집니다.

마음은 죄가 없습니다. 생각하고 느끼는 것과, 그걸 행동으로 옮기는 건 완전히 다른 문제입니다. 어떤 마음이든, 누구에 대해서든 상담에서 얘기하는 건 아무 문제가 안 됩니다. 앞으로 나아가기 위해 지나가는 과정일 뿐입니다.

과거가 무슨 소용이 있나
역사를 통해 지금을 안다

만약 과거의 어느 한 시점으로 돌아갈 수 있다면 언제로 가보고 싶은가요? 단, 커피 한잔을 마시는 동안만 가능합니다. 돌아간다고 해서 과거를 바꿀 수는 없습니다. 그래도 가보고 싶다면 누구를 만나, 무엇을 하고 싶은가요?

얼마 전 〈커피가 식기 전에〉라는 일본 영화를 보았습니다. 영화에는 몇 대째 이어져 운영되어온 신비한 카페가 등장합니다. 이 카페의 특별 좌석에 앉아 커피를 마시면 원하는 과거로 갈 수 있습니다. 단, 커피가 식기 전까지 되돌아오지 않으면 영영 과거에 머무르게 됩니다. 과거로 간다고 해서 바꿀 수 있는 일은 없습니다. 과거의 장면으로 돌아가서 보고 싶은 얼굴을 보고, 하고 싶은 말을 할 수 있을 뿐입니다.

과거로 갈 수 있는 특별 좌석엔 한 여인이 하루 종일 앉아 있습니다. 새로운 손님이 와서 비켜 달라고 해도 소용없습니다. 시간 여행을 하고 싶은 손님들은 이 여인이 화장실에 갈 때만 기다립니다. 여인은 아무것도 듣지 못하고, 누가 와도 관심 없이 혼자 앉아 있습니다. 과거로 여행을 갔다가 커피가 식기 전에 돌아오지 못하고 과거에 갇혀버린 사람입니다. 영혼만 자리에 남아 끝없이 커피를 마시고 있습니다.

마법의 커피를 마시지 않아도 멍하니 과거 생각에 빠져들 때가 있습니다. 소중한 추억을 더듬어 보기도 하지만, 그보다는 힘들었던 일이나 가슴 아팠던 일들이 떠오릅니다. 후회로 가득한 과거를 되감기 하며 '이때 이랬다면 어땠을까, 그때는 그렇게 했어야 했는데…' 반복 재생합니다. '그 사람이 어떻게 나한테 이럴 수가 있지.' 하며 곱씹고 되새김질합니다.

과거에 너무 오래 머물러 있으면 지나간 일에 대한 후회나 원망을 느끼기 쉽습니다. 그래서 우울해지곤 합니다. 영화 속, 과거에서 빠져나올 타이밍을 놓친 여인을 통해 과거에 집착하는 것이 얼마나 우리를 망가뜨릴 수 있는지 생각하게 됩니다. (영화에는 반전 사연이 있긴 합니다.) 현실에서도 과거의 상처 때문에 현재의 삶을 살아가기 힘든 경우를 종종 봅니다.

영화에서 어떤 사람은 커피 한 잔을 마시며 죽은 동생을 만납니다. 과거로 돌아간다 해도 동생의 죽음을 막을 수는 없지만, 생전에 하지 못했던 얘기를 하고 나서야 동생을 마음속에서 떠나보낼 수 있었습니다. 또 어떤 사람은 오해하고 있었던 엄마의 진심을 알게 되고 원망과 그리움에서 빠져나옵니다. 치매에 걸린 아내의 소망을 과거의 아내로부터 듣고서야 현재를 즐기게 되는 남편도 있습니다.

상담을 할 때 과거 이야기를 하게 됩니다. 어린 시절은 어땠는지, 부모님은 어떤 분이었는지, 학창 시절엔 무슨 일들이 있었는지 들어 봅니다. 다 지나간 과거 이야기를 하는 게 무슨 소용이 있나 생각하실지 모르겠습니다. 어떤 분들은 과거 이야기하는 것을 힘들어하십니다. 얘기해 봤자 화가 나거나 가슴만 아프고, 되돌릴 수도 없는데 힘들어진다고요.

정말 다 지나간 일일까요? 그렇다면 지금 얘기한다고 해도 그렇게 많이 힘들진 않을 겁니다. 잘 아물지 않은 상처를 제대로 치료하지 않고 대충 봉해놨기 때문에 자꾸 덧나는 거지요. 크고 작은 충격이 왔을 때 그 상처가 다시 터져 피가 나고 아픈 겁니다.

사소한 일에 왜 그렇게 화가 나나, 별일 아닌 걸 알면서 왜 두려워하나. 이해되지 않는 현재의 문제가 과거에 뿌리를 두고 있는 경우가 있습니다.

상담에서 과거를 이야기한다고 해서 계속해서 과거를 탓하고 집착하자는 이야기가 아닙니다. 오히려 지나간 일의 의미를 제대로 이해하고 소화하여 흘러가도록 하는 겁니다. 그렇게 할 때 과거가 현재의 발목을 잡지 못하고 과거에서 빠져나올 수 있기 때문입니다.

영화를 보면서 문득 마법의 커피를 마시는 시간이 상담과도 비슷하다는 생각이 들었습니다. 과거 이야기를 하는 것은 그때의 내 마음이 어땠는지, 그 일이 나에게 어떤 의미였는지 이해하기 위함입니다. 충분히 소화되지 않은 감정은 흘러가지 못하고 고여 있다가 틈만 나면 온통 헤집어지고 흘러넘쳐 흙탕물을 만듭니다.

병원에 가서 상처를 벌려놓고 의사 앞에 앉으면 잔뜩 긴장한 채 '많이 아플까요?' 묻게 됩니다. 가을님도 상처를 마주하는 게 너무 아프지 않을까 겁이 나실지도 모릅니다. 하지만 너무 두려워하진 않으셔도 됩니다. 가을님의 체력이 치료를 얼마나 감당할 수 있을지 살펴가면서 함께 속도를 조절할 테니까요. 그래도 걱정이 되시거나 혹시라도 견딜 수 없이 힘들다면 말씀해 주세요. 준비가 될 때까지 조금씩 속도를 조절할 수 있을 겁니다. 그러나 언젠가는 이 상처를 제대로 치료해야 하는 순간이 올 거예요. 그게 언제인지 상담을 하면서 우리는 알게 될 겁니다.

커피를 마셔도 과거가 바뀌진 않지만 과거를 대하는 마음은 변할 수 있습니다. 과거로부터 무언가를 깨닫는다면 우리의 현재도 한결 살만해질 겁니다.

사람이 변할까
타고난 나, 만들어진 나

내 성격에 대해 얘기해 보라고 하면 어떤 것들이 떠오르시나요. '꼼꼼하다, 따뜻하다, 활달하다, 자유분방하다, 소심하다…' 등등 아마 평소에 주변에서 많이 들어본 얘기나, 그것 때문에 생각이 많아지는 부분, 혹은 대표적인 장점이나 단점 등이 떠오르실지 모르겠습니다.

그런데 나의 성격이라고 말할 수 있는 것들 중 어떤 것이 타고난 것이고, 어떤 부분이 후천적으로 길러진 것일까요.

요즘 한창 유행하는 MBTI 성격검사를 해보셨나요? 검사 결과 드러난 내 성격유형이 나를 잘 표현한다고 느끼시나요? 지금의 내 성격은 타고난 것일까요, 아니면 살면서 환경에 적응하느라 변화된 것일까요?

어떤 사람은 고유한 성격에서 크게 변하지 않은 채 살아왔을 테고, 어떤 사람은 세상과 사람들로부터 받은 영향으로 변화된 모습일 수도 있습니다. 어쨌든 현재의 내가 살아가며 많이 사용하는 기능이 지금 검사 결과에 반영되었겠죠.

MBTI 성격유형의 이론적 바탕은 칼 융(Carl Jung)의 성격 이론으로부터 만들어졌습니다. 사람들은 태어날 때부터 자신의 고유한 성격을 갖고 태어난다고 보았습니다. 타고난 성격은 나의 강점이 되고 자원이 됩니다. 왼손잡이로 타고난 사람이 왼손을 계속 쓰며 살아간다면 오른손보다 훨씬 잘 쓸 수 있을 겁니다. 성격 또한 타고난 기능을 많이 쓰도록 장려받고 계속 활용했을 때 나의 강점이 될 수 있다는 얘기입니다.

예를 들어 MBTI에서 첫 번째로 나오는 특성 중 외향형(E)과 내향형(I)이 있습니다. 내향형이란 말에 어떤 느낌을 받으시나요? 현대 사회에서는 외향적인 성향을 선호하는 분이 많고, 많은 부모님들이 내 아이는 외향적이길 바라는 것 같습니다. 내향적인 사람들은 흔히 스스로 소심하고 생각이 많다고 느낍니다. 자신을 적극적으로 드러내는 것이 미덕인 세상에서 긍정적인 느낌을 유지하기 쉽지 않습니다.

그러나 이 검사에서 얘기하는 성격 유형에는 좋고 나쁜 것이 없습니다. 내향형인 사람은 내적 활동, 즉 자신의 생각과 감정 등에 에너지를 많이 씁니다. 그래서 말수가 적고, 말로 하는 것보다는 글이 편하고, 소수의 사람들과 깊은 관계를 맺기를 선호합니다. 외부 활동을 많이 하면 혼자 쉬는 시간을 가져야 에너지가 충전되는 사람들입니다.

모든 성격에는 장점과 단점이 있고, 동전에 양면이 있는 것처럼 좋은 면만, 혹은 나쁜 점만 있는 성격은 없습니다. 내향적인 사람들은 소심해 보일 수 있지만 신중하고 사려 깊습니다. 많은 사람들과 어울리지 않을지 몰라도 소수의 사람들과는 깊은 관계를 유지합니다. 즉, 속정이 깊은 사람일 수 있습니다. 혼자만의 시간을 비교적 많이 갖는 편이어서 통찰력이 있고 내적 성숙에 유리할 수도 있습니다.

반대 유형인 외향형도, 또 MBTI의 다른 성격 측면들도 마찬가지로 각각의 장점과 보완할 점을 갖고 있습니다. 그리고 타고난 자신의 기질은 편하고 자연스러우며, 그 기능을 충분히 즐기고 활용할 수 있을 때 세상을 살아갈 자원이 됩니다.

그러니 굳이 성격을 바꿀 필요가 없습니다. 특히 10대나 20대에는 타고난 성격을 이해하고 그것을 잘 쓸 수 있도록 강화하는 게 먼저입니다. 아이의 타고난 기질을 지지해주는 주변의 도움도 필요합니다.

성격의 취약한 측면(내향형인 사람은 외향적인 측면)은 크게 불편함이 없을 정도로 보완할 수 있으면 됩니다. 중년 이후에는 이러한 그림자 측면을 개발하는 것이 성숙한 인격으로 통합하기 위해 중요한 과제가 되기도 합니다.

　타고난 성격을 바꾸려 하는 건 자연스럽지 않고, 쉽지 않습니다. 그러느라 너무 많은 에너지를 소모하게 되기도 합니다. **타고난 내 모습을 있는 그대로 받아들이고, 가급적 긍정적인 측면에 초점을 맞추어 더욱 잘 쓸 수 있으면 좋습니다. 나를 있는 그대로 즐기면서요. 자연스럽고 편안하게.**

아는데 잘 안 되는 이유
머리에서 마음으로

저는 성격이 꼼꼼하지 못한 편입니다. 어릴 때도 얌전하고 차분해 보이는데 은근히 덜렁대서 툭하면 물건을 잃어버리곤 했습니다. 지금도 숫자를 꼼꼼히 맞추거나, 체계적으로 정리하는 일, 행정적인 절차, 정리정돈 쪽으로는 영 소질이 없습니다.

일찍부터 이런 성향을 잘 알고 있었는데, 거기에 큰 스트레스를 받지는 않았습니다. 힘든 일은 문제가 안 될 정도로 어떻게든 대충 하고, 내가 잘할 수 있고 하고 싶은 영역에 에너지를 집중하면 어느 정도 커버가 된다는 요령을 터득했거든요.

직장 생활을 하면서 꼼꼼하게 일하는 방식을 많이 배웠지만, 그럼에도 불구하고 저는 여전히 뭔가 놓치고 잃어버리기 잘하는 허당일 때가 많습니다. 가까운 주변 사람들도 저의 그런 모습을 익히 알고 있고요. 그런데, 제가 내담자가 되어 상담을 받을 때 뜻밖의 얘기를 상담 선생님으로부터 듣게 되었습니다.

"완벽하려고 애쓸 필요 없어요."
"네? 완벽이요…? 음… 별로 그런 것 같진 않은데요…"

처음 그 얘기를 들었을 땐 의아했습니다. '완벽이라니…! 내 인생에 완벽이란 단어는 떠올려본 적도 별로 없는 것 같은데. 왜 그런 말씀을 하시지…' 생각했습니다.

그 후로 상담이 좀 더 진행된 후 다시 한번 완벽할 필요 없다고 선생님은 말씀하셨습니다. 그때도 전 고개를 갸우뚱하며 '뭐 하나 제대로 하는 게 없는데 무슨 완벽… 완벽 좀 해 봤으면 좋겠네.' 여전히 그런 마음이었습니다.

얼마간 또 시간이 흘렀고, 상담도 많이 진행되었습니다. 그 당시 아이가 초등학교에 다니고 있어 손길이 많이 갔고, 늘 정신없이 허둥대는 기분으로 지냈던 것 같습니다. 초심 상담자로 일을 막 시작한 무렵이라 정말 잘 해내고 싶었고 여전히 공부할 것도 많았습니다. 할 건 많고, 잘하고 싶고, 나름 열심히 해보려고 애를 쓰는데, 돌아보면 무엇 하나 제대로 하는 게 없는 것 같아 동동거렸습니다. 아이가 학교에서 야단이라도 맞거나, 엉망진창으로 어질러진 집 안을 볼 때면, 내 일에만 몰두하고 있는 것 같아 죄책감이 느껴졌습니다. '무슨 영광을 보자고 이러고 사나.' 하는 생각이 수시로 떠올랐습니다.

그러던 어느 날 상담 선생님께서 다시 말씀하셨습니다.

"완벽하지 않아도 된다니까요."

그냥 짧고 조용한 한 마디였습니다. 그런데 그 순간 갑자기 그 얘기가, 이미 여러 차례 들었던 말씀이 완전히 새롭게 들렸습니다. 뭔가가 쿵 하고 묵직하게 내려앉은 기분이랄까요.

"진짜 그렇네요… 아 … 제가 완벽하려고 애쓰고 있었네요!"

선생님께서 이미 몇 번을 말씀하셨는데, 그때마다 저는 이미 잘 알고 있다고 생각했습니다. 완벽할 필요가 없다는 것을. 그리고 난 완벽하려고 애쓰는 사람이 아니라고 너무 확신하고 있었습니다. 제 삶은 완벽에서 거리가 멀다고 느꼈기에 완벽하려고 애쓴다는 생각조차 못하고 있었습니다.

어느 한 부분이라도 구멍이 날까 두려워 안달했던 게, 잘 되고 있는 게 '하나도 없다'라고 느꼈던 게 완벽하려고 애쓰는 거란 걸 그날 깨달았습니다. 실수가 실패가 될까 봐, 덜렁대다 뭔가 중요한 걸 놓치게 될까 전전긍긍하고 있었다는 걸요. 성격이 꼼꼼하지 못한 것과, 삶의 중요한 과제에서 완벽하려고 애쓰는 것은 다른 차원의 문제일 수 있다는 걸요.

〈굿 윌 헌팅〉이라는 영화를 보면 상담자 역할을 한 로빈 윌리엄스가 주인공 윌에게 "네 잘못이 아니야!"를 반복해서 외쳐주는 장면이 나옵니다. 저의 상담 선생님도 제게 완벽하려고 애쓸 필요 없다고 여러 차례 말씀해주셨고, 시간이 흐른 후 저도 마침내 그 얘기를 알아듣고 받아들일 수 있었습니다.

"저도 알긴 아는데 … 잘 안 돼요."

가을님도 말씀하셨죠.

머리에서 마음까지 가는 길이 세상에서 가장 먼 길이라던가요. 우리는 함께 그 길을 걸어가고 있습니다. 나눴던 얘기를 몇 번이고 다시 나누고, 잘 이해되지 않는 마음을 보고 또 보면서 언젠가는 '진짜 마음으로 알게 되는 날'이 올 겁니다. 그때가 되면 알긴 아는데 왜 잘 안됐는지, 진짜로 알고 있었던 건지 제대로 깨달아지겠지요.

나의 중요한 욕구는 무엇인가
욕구와 기질 이해하기

　몇 년 전 점을 본 적이 있습니다. 사주와 타로를 같이 보는데 꽤 통찰력 있는 분이라 했습니다. 궁금한 마음 반 재미 반으로 어떤 얘기를 듣게 될까 기대하며 아는 언니를 따라나섰습니다. 그날 들은 점괘가 맞았는지는 몇 년이 지나서 생각해봐도 잘 모르겠습니다. 대체로 모호한 얘기라서 그럴까요. 어찌 보면 맞는 말 같고, 아닌 것도 같고 아리송합니다.

　정작 사주 풀이에서 재미있게 느꼈던 부분은 제 성향에 대한 설명이었습니다. 제 사주를 보면 재미가 중요한 사람이라 자칫 탈선의 위험이 있다는 소리를 들었습니다. 이 나이에 무슨 소린가 싶어 언니와 마주 보며 웃음을 터뜨렸던 기억이 납니다. 아무튼 요지는 재미있게, 내 욕구를 잘 충족시키며 살라는 얘기였습니다.

현실치료라는 상담이론으로 유명한 윌리엄 글라서(William Glasser)는 인간에게 다섯 가지 중요한 욕구가 있다고 했습니다. 의식 중에 또 무의식중에 우리는 이 욕구들을 충족시키고자 합니다. '생존, 사랑과 소속감, 힘(권력), 재미, 자유' 다섯 가지입니다. 당신에겐 어떤 욕구가 중요한지 한 번 생각해 보세요. 지금 당신이 하고 있는 많은 행동과 선택을 설명해 줍니다.

저에게는 재미가 참 중요합니다. 재미가 있어서 드라마나 영화도 많이 봅니다. 뭘 해야 재미있을까 늘 궁리합니다. 재미있으니 책도 읽고 공부도 합니다. 재미에도 다양한 종류가 있으니까요.

일을 선택할 때도 제일 먼저 고려하는 것이 재미있게 할 수 있을까 하는 겁니다. 직업이나 직장을 선택할 때는 물론 여러 가지 요소를 고려해야 합니다. 보수나, 복지, 보람, 함께 일하는 사람들도 중요합니다. 그러나 너무 지루하고 재미없는 일은 열심히 오래 하기 힘듭니다.

요즘 많이 활용하는 심리 검사 중에 'TCI(기질 및 성격검사)'라는 것이 있습니다. 이 검사에선 타고난 '기질'과, 후천적으로 길러진 '성격'을 구분해서 보여 줍니다.

'기질(Temperament)'은 유전적 소인이 강합니다. 태어날 때부터 갖고 있는 측면으로 평생 동안 잘 변하지 않습니다. 기질의 여러 가지 차원 중 '자극 추구 성향(Novelty Seeking)'이라는 것이 있습니다. 새롭고 자극적인 것, 도전적인 것을 추구하는 성향입니다. 검사를 해보니 저는 이 '자극 추구 성향'이 높은 편입니다. 점을 봤을 때 점술가가 말한 게 혹시 이런 맥락이었나 싶습니다.

자극 추구 성향이 높은 사람은 새롭고 자극적인 것을 추구하고, 변화가 없거나 지루한 것을 견디기 힘들어합니다. 충동적이고 성격이 급합니다. 그러나, 잘 활용하면 생활의 활력소가 되고, 도전과 혁신을 추구합니다. 일을 추진하게 만드는 동력이 됩니다.

삶의 방향성을 잃거나 의미를 찾기 어려울 때, 중심을 잃을 때는 타고난 기질에 휘둘리기 쉽습니다. 내가 지금 대체 뭘 하고 있나, 잘 해낼 수 있을까, 어떻게 살아야 할까. 이런 혼란감이 많을 때 기질의 힘에 휘청휘청 끌려가게 됩니다.

자기중심이 잘 세워져 있으면 상황에 따라, 목적에 맞게 어느 정도 기질을 조절할 수 있습니다. 타고난 기질을 조절하게 만드는 측면을 TCI에서는 '성격(Character)'이라고 합니다. 그중에서도 '자율성(Self-Directedness)'이 자기중심의 핵심이 됩니다.

'자율성'이 높다는 것은 자기 자신을 있는 그대로 수용하고, 삶의 목표와 방향을 설정할 수 있으며, 목표에 맞게 훈련된 태도를 갖추었다는 뜻입니다. '자율성'이 내 삶의 나침반이 되어 방향을 잃지 않게, 흔들려도 다시 돌아오게 도와주는 셈입니다.

'자율성'은 타고난 것이 아니라 후천적으로 길러지는 부분입니다. 성장 과정에서의 어려움으로 인해 자율성이 키워지지 못할 수 있습니다. 어른이 되어서도 나 자신과 삶에 대해 혼란감이 클 수도 있습니다. 무엇을 원하는지, 어떻게 살고 싶은지, 실제 그렇게 살고 있는지의 문제입니다. 이 부분은 죽을 때까지 계속해서 성숙할 수 있는 부분이고 '어떻게 해볼 수 있는' 부분입니다. 그러니 희망도 있습니다.

자율성을 키우기 위해서는 먼저 타고난 나를 있는 그대로 수용하는 일이 선행돼야 합니다. 즉 타고난 기질과 욕구 등을 이해하는 일이 우선입니다. 나에게 중요한 것이 무엇이고, 어디에 끌리는지 알아야겠죠. 그래야 적절한 수준에서 만족시키고, 융통성 있게 조절하는 것도 가능해집니다. 모를 때 휘둘리기가 쉽습니다.

타고나길 겁 많고 소심한 아이가 '넌 왜 그렇게 겁이 많니, 겁쟁이구나' 하고 비난하는 소리를 계속 듣는다면 스스로도 '못난 아이, 겁쟁이'라고 수치심을 갖게 될지 모릅니다. 비난을 받는다고 겁이 사라지는 것도 아닙니다. 겁이 날 수 있고, 두려울 수 있다는 감정을 일단 수용하는 것이 필요합니다.

나 자신에 대해서도 마찬가지입니다. 타고난 나의 기질이나 욕구를 있는 그대로 수용하면서 삶의 목적에 맞게 조절하고 훈련하는 방법을 배우면 됩니다.

좋은 나침반과 지도를 갖고 있으면 타고난 기질과 욕구가 좋은 방향으로 나아가도록 만들 수 있습니다. 타고난 기질은 어쩔 수 없을지 모릅니다. 그러나 나를 잘 알고, 내 삶의 방향을 잡아가는 건 내가 할 수 있습니다.

미녀는 잠이 필요해
나만의 속도로 걸어가기

'붉은 여왕 효과'라는 말을 들어 보셨습니까? 나뿐 아니라 주변 환경이나 경쟁 상대도 빠른 속도로 변화하기 때문에, 내가 변화를 하더라도 상대적으로 앞서가기 힘들다는 경제학 용어랍니다. 이 용어는 루이스 캐럴의 『거울 나라의 앨리스』에 나오는 붉은 여왕이 하는 말에서 유래되었다고 합니다.

붉은 여왕의 체스 말이 된 앨리스는 아무리 달려도 제자리를 맴돌고 있다는 걸 깨닫고 당황하여 묻습니다.

"왜죠? 우리는 계속 이 나무 아래 있잖아요! 모든 것이 그대로예요! 우리나라에선 우리가 한 것처럼 아주 빨리 달렸다면, 일반적으로 다른 곳으로 가 있어야 하죠."

"그곳은 아주 느린 나라구나. 여기는 보다시피, 네가 할 수 있는 한 힘껏 달려야만 이곳에 겨우 머무를 수 있을 뿐이야. 만약 네가 다른 곳으로 가고 싶다면 적어도 이보다 두 배는 더 빨리 달려야 하지."

열심히 달려봤자 제자리를 겨우 유지할 수 있을 뿐 두 배는 빨리 달려야 한다니, 혹독하고 냉정한 교훈입니다. 올림픽에 출전하는 선수를 훈련시키는 코치의 말 같네요. 거울 나라는 꽤 경쟁적이고 냉혹한 세상인가 봅니다.

이 얘기를 들으면서 어쩐지 맥이 빠졌습니다. 우리가 사는 세상은 앨리스가 살던 곳보다는 거울 나라와 비슷한 걸까 싶어서요. 열심히 산다고 최선을 다해 사는 것 같은데, 그래 봤자 제 자리를 지키기도 버겁다는 느낌. 세상의 변화는 나를 앞질러 쏜살같이 달려가 버리는 것 같고, 지금처럼 살다가는 그만 도태될 것만 같은 두려움.

세상의 속도보다 한 발짝 앞서가며 변화를 주도하고, 변화의 물결에 가볍게 올라탈 수 있는 유능한 분들도 계시겠지만, 제게 변화란 어쩐지 두렵게 느껴집니다

코로나 이후 세상은 이렇게 저렇게 변화할 테니 대비하라는 얘기들이 종종 들려옵니다. 미디어나 책에서 가르쳐 주는 대로 준비하면 괜찮을까요? 그렇게 할 수는 있을까요? 최소한 주변 속도보다 뒤처지지는 않게 따라갈 수 있을까요?

붉은 여왕의 이야기를 듣고 앨리스는 어떻게 했을까요? 열심히 뛰어봤자 제자리인 세상에서 어떻게 승부를 겨뤘을까요?

제가 작가라면 이야기를 어떻게 전개할지 상상해 봅니다. 루이스 캐럴보다 멋진 이야기를 만들 수는 없습니다. 그러나 『거울 나라의 앨리스』가 출판되었던 1871년과 지금 세상은 엄청나게 달라졌습니다. 코로나를 기점으로 세상은 이전과는 또 다른 급격한 변화를 맞을 겁니다. 포스트 코로나 시대에 어울리는, 우리에게 필요한 이야기는 어떤 걸까요.

『잠자는 숲 속의 미녀』 이야기는 다들 아실 거예요. 정신분석학자인 부르노 베텔하임은 『옛이야기의 매력』이라는 책에서 '미녀의 잠은 성장에 반드시 필요한 조용한 집중의 시간'이라고 말합니다.

왕자를 만날 때까지 미녀가 잠에 빠져 있었다는 건, 자신의 잠재력이 표출될 때까지 겉으로는 무기력해 보이는 내적 침잠기가 필요하다는 상징이라고 합니다. 중요한 정신적 성장을 위해서는 오랜 침묵과 명상처럼 자신에게 집중하는 시간이 필요하고, 이러한 시간을 통과하여 비로소 '미녀' 즉, 멋진 자신이 될 수 있다는 거죠.

『잠자는 숲 속의 미녀』 외에도 동서양의 여러 동화에서 주인공이 게으르거나 바보로 묘사됩니다. 구박을 받으며 집에서 빈둥

대고, 쫓겨날 때까지 아무것도 하지 않고 수동적으로 지내는 이야기가 종종 등장합니다. 이는 성장을 위한 후퇴, 내적인 자기 몰두의 시간을 상징한다고 합니다.

베텔하임의 이야기에서 힌트를 얻어 앨리스의 체스 전략을 제 마음대로 제안해 봅니다. 앨리스가 아무리 뛰어도 제자리에 계속 머물러 있는 건, 남들이 뛰는 방향으로만 똑같이 따라가고 있었기 때문입니다. 이렇게 뛰어야 한다, 저렇게 뛰어야 한다는 바깥의 소리만 듣고 따라잡아 보려 해도, 똑같이 뛰고 있는 남의 뒤를 따라잡을까 말까입니다.

앨리스는 자신만의 방법을 찾아 승부수를 던져야 합니다. 체스판의 규칙도 알고 있어야 하지만, 때로는 일반적인 규칙과는 전혀 다른 방법으로 움직여야 할지 모릅니다. 다른 말들과 도움을 주고받으며 연대하는 방법도 있을 겁니다.

창의적인 방법을 찾아내기 위해 앨리스는 스스로를 믿고, 자신의 직관을 활용할 수 있어야 합니다. 남들과 비교하며 따라잡고자 애쓰기보다 자기만의 최적의 속도를 찾아야 합니다. 때로는 잠자는 미녀처럼 혼자 물러나는 시간을 통해 앨리스의 한 수를 찾을 수 있을지 모릅니다.

말하지 않는 것이 말해주는 것
비언어적 신호

남편과 저는 직장에서 일을 하다 만났습니다. 처음 만났을 때 저의 어떤 모습이 좋았냐고 남편에게 물은 적이 있는데 잠시 생각을 하더니 돌아온 답변은 다소 황당했습니다. 노트북을 펼쳐놓고 일을 할 때 바르고 꼿꼿한 자세가 눈에 들어왔다고 하더군요. 아니, 섹시해서도 아니고(이건 아닐 줄 알았죠), 예뻤다는 것도 아니고(예뻐 보일 수는 있잖아요) … 바른 자세라뇨.

빈말로라도 예뻐서 반했다고 해주지 않아서, 뭔가 치명적인 매력에 끌렸다는 멋진 얘기가 아니어서 살짝 실망했습니다. 바른 자세에 반하는 게 뭐냐고, 거기에 왜 끌리냐고 추궁했더니 남편의 설명은 이랬습니다. 사람이 뭔가를 열심히 하는 모습이 얼마나 매력 있는 줄 모른다. 한껏 열중해서 허리를 꼿꼿이 펴고 자판을 두

드리는 모습이 예뻐 보였다(드디어!).

　그때 저 말고 다른 여자가 그렇게 허리를 꼿꼿이 펴고 열심히 일했더라면, 제 허리가 조금만 구부정했더라면 우리의 인연은 시작되지 않았을지 모르겠습니다.

　말로 하지 않아도 느껴지고 보이는 것들이 있습니다. 제가 만났던 내담자 중 D님은 처음 만났을 때 문을 열고 들어서는 순간부터 이미 많은 것이 느껴지는 분이었습니다. 구부정하게 잔뜩 어깨를 움츠린 모습이나, 발소리가 나지 않도록 살금살금 걷는 걸음이 마치 '내가 여기 있어도 될까요?'라고 묻는 것처럼 보였습니다. 자신의 존재를 들킬까 봐, 눈에 띄지 않으려고 최대한 조심하는 것처럼 느껴졌습니다.

　약 2년간 상담이 진행된 후 D님의 느낌은 조금 달라졌습니다. 전에는 문을 열 때도 조그만 소리라도 날까 온 신경을 집중해 살살 문고리를 돌렸다면, 이제는 문을 여는 데 그렇게까지 조심하는 것 같지는 않습니다. 목소리와 말하는 태도는 여전히 예의 바르지만, 말을 꺼내기 전까지 정말 오래 망설이고 겨우 운을 떼던 전과는 달리 비교적 담담하게 화제로 들어갑니다.

　전공자가 아니어도 재미있게 읽을 만한 심리학책을 여러 권 펴낸 어빈 얄롬(Irvin David Yalom)은 자신의 저서 『치료의 선물』에서 환자의 집을 방문하는 효과에 대해 얘기했습니다. 우리나라에서 가정 방문은 상담실에 오기 힘든 청소년을 찾아가는 '청소년 동반자'를 제외하곤 극히 드뭅니다. 미국에서도 흔치 않은 일인 것 같지만 얄롬은 가끔 환자와 의논한 후 집을 방문해서 극적인 효과를 얻었다고 합니다.

남자와 좋은 관계를 맺지 못한다고 호소하던 매력적인 젊은 여성 환자가 있었는데요. 그녀의 집은 정리를 하지 않아 발 디딜 틈 없는 상태였다고 합니다. 상담실에서 만날 때는 알기 어려웠던 환자의 한 측면을 가정 방문을 통해 알게 되어 치료자도 놀랐다고 합니다. 아마도 이 여성은 집 상태 때문에 남자 친구를 초대하기 어려웠을 겁니다. 좋은 남자를 만나고 싶다고 하면서도 집으로 들이기는 힘든 상태로 만든 여성의 속마음이 궁금해집니다.

아내를 잃고 한참을 깊은 슬픔에 빠져있던 한 남성의 집은 아내를 떠올리게 하는 물건들로 가득 차 있었다고 합니다. 자신에게 흥미와 위안이 되는 물건은 거의 없었다는군요. 가정 방문으로 이 문제를 생각하게 된 환자는 치료자에게 집을 새단장하도록 도와달라고 요청했답니다. 아내의 물건들을 정리하고 집을 새롭게 꾸미면서 남편은 비로소 아내를 조금씩 떠나보내고 앞으로의 삶을 계획하지 않았을까 싶습니다.

가정 방문을 통해 정리되지 않고 방치된 환자들의 집들을 보며 얄롬이 느낀 것은 '마치 그들의 삶에서 전혀 자신이 아름답지 않고, 위안을 얻을 자격이 없는 것처럼 자신을 돌보지 않는다'는 것이었습니다.

　가정 방문을 할 수는 없지만 상담을 할 때 내담자의 방 풍경을 묘사하거나, 그림으로 그려 달라고 요청할 때가 있습니다. 방과 집 애기를 나누면서 내담자가 어떻게 시간을 보내는지, 혼자 있을 때 어떤 감정을 느끼는지, 어디에서 위안을 얻는지 이해해 볼 수 있습니다.

　초등학교에 다니는 쌍둥이 엄마인 E님은 집 안에 자신을 위한 공간이 없다는 걸 깨달았습니다. 아이들 방과 남편의 서재는 있지만, 침대와 옷장, 온갖 잡동사니로 꽉 찬 안방은 내 공간이라고 할 수 없었습니다. 거실도 아이들의 물건으로 꽉 차 있었습니다. 어릴 적 그녀는 공부하고 책 읽기를 좋아했지만, 집안 형편 때문에 공부를 계속하기 어려웠습니다. 어른이 되면 실컷 책을 읽고, 소설가가 되고 싶었던 소녀 시절의 꿈을 떠올렸습니다. 너무 오랫동안 자신을 돌보지 않고 방치한 것 같다며 그녀는 눈시울을 붉혔습니다.

　얼마 후 E님은 안방을 정리하고 한쪽에 작은 책상과 예쁜 조명을 들여놓았다고 했습니다. 작지만 견고해 보이는 책상을 좋은 가격에 구입했다며 사진까지 보여주었습니다. '빨간 머리 앤'에 나올 것 같은 책상을 보며 저도 함께 들뜨는 기분이었습니다. 새 책상과 함께 시작될 그녀의 시간을 응원했습니다.

요즘 글을 쓴다고 노트북 앞에 자주 앉아 있는 모습을 보며 남편이 그러더군요. 처음 저를 만났을 때의 그 모습이 보인다고요. 생각해 보면 남편이 집에서 목격한 제 모습은 집안일을 하지 않을 때면 주로 소파에 누워있는 모습이었겠다 싶습니다. 소파에서 TV 보고, 스마트폰 보고, 책을 봐도 누워서 보고 말이죠.

요즘 저 스스로도 책상에 앉아 있는 게 마냥 힘들지만은 않습니다. 뭔가에 흠뻑 몰입하게 되니 절로 허리가 펴지고 책상에 앉는 것도 덜 피곤하게 느껴지나 봅니다.

자전거를 타며 균형을 잡는다
완벽주의의 함정

　오래전 〈스포트라이트〉라는 드라마를 재미있게 봤습니다. 손예진과 지진희가 출연했던 드라마인데요. 방송 기자들의 삶과 사랑, 그런 얘기였던 것 같습니다. 너무 오래전이라 자세한 내용은 잘 생각나지 않지만, 그중 유독 한 장면이 강렬하게 기억에 남아 있습니다.

　극 중 열혈 기자 우진(손예진)에게 어느 날 앵커 자리에 발탁될 기회가 찾아옵니다. '언젠가는' 하며 늘 꿈꾸던 자리지만 지금은 아니라고, 앵커가 되기에는 부족하다고 우진은 망설입니다. 모처럼 찾아온 기회 앞에 주춤하는 우진에게, 선배이자 상사인 태석(지진희)이 말합니다. (정확한 대사는 기억나지 않지만 기억을 더듬어써 봅니다.)

"우진아, 자전거를 처음 배울 때 기억나니? 균형을 잡는 법을 배워야 자전거를 타는 게 아니야. 타면서 균형을 잡는 걸 배우는 거지. 완벽하게 균형을 잡을 때까지 기다리다가는 영원히 자전거를 탈 수 없어."

우진이가 그래서 앵커 자리를 맡았는지 어땠는지는 생각나지 않습니다. 지진희가 멋지게 이 자전거 대사를 날리던 장면만 유독 기억이 납니다. 당시 저도 비슷한 고민을 경험했기 때문인가 봅니다. 그 무렵 저는 대학원에 다니며 인턴 상담원으로 일하고 있었습니다.

대학원에 진학하겠다고 결정하기까지는 상당한 고민의 시간이 있었습니다. 심리학과 독서치료 공부를 하고, 자원봉사를 하며 상담이 내게 맞는지 경험해 보기도 했습니다. 공부를 하면 할수록 대학원에 진학해 제대로 배워야겠다는 생각이 들었습니다. 그런데 막상 진학을 결심하기는 쉽지 않았습니다.

'이 나이에 대학원엘 가야 하나? 비용이 한두 푼이 아닌데, 대학원을 나오면 뭐가 되긴 될까? 과연 비전은 있을까?' 온갖 생각이 떠올랐습니다.

계속해서 고민을 하며 입학시험 준비를 하고 있을 때 함께 공부하던 친구가 있었습니다. 처음에는 비슷하게 고민을 하다, 몇 달이 지나도 제가 똑같은 푸념을 계속하자 그 친구가 사투리 섞인 억양으로 한 마디 하더군요.

"경애, 대체 언제까지 고민할래. 이제 고마 해!(그만 해)"

친구의 말에 뜨끔하면서 정신이 번쩍 들었습니다. 만약 이 친구가 대학원에 합격했는데 나는 진학을 못한다면 어떨까, 친구만 상담자가 된다면 나는 어떤 기분일까 생각해 보았습니다. 그날 과감히 제 마음의 결재 도장을 쾅 찍었습니다. 안 해서 나중에 후회할 것 같다면 일단 시작하고 보자. 그 친구와 저는 같은 해 대학원에 진학했고, 지금까지 상담자로 일하고 있습니다.

준비가 될 때라는 건 언제일까요. 어느 정도 준비가 되었다고 느끼는 시점은 지극히 주관적입니다. 완벽주의자에게 그런 시간은 영원히 오지 않을지도 모릅니다.

대학생들 상담을 하다 보면, 원하는 학교에 입학하지 못했다는 패배감을 안고 대학 생활을 시작하는 경우를 봅니다. F도 그랬습니다. 최상위 성적이었던 자부심에 못 미치는, 부모님의 기대에 부응하지 못하는 학교에 다닌다는 좌절감에서 벗어나지 못했습니다.

그렇게 몇 년이 지나고 나니, 공부는 점점 어려워지고, 3학년이 끝나가는데 해놓은 게 없다는 생각이 들었습니다. 친구라도 사귀고 신나게 놀기라도 했냐 하면 그것도 아닙니다. 동아리 활동도 하지 못했고, 딱히 다른 공부를 한 것도 아닙니다. 돌아보면 학점도, 스펙도, 경험도, 남은 것이 없다는 생각이 들어 초조했습니다.

그러나 '이미 늦은' 때란 없습니다. 어려운 공부는 친구의 도움을 받아 최선을 다해 졸업하는 것을 목표로 하기로 했습니다. 휴학을 해서라도 부족한 스펙과 경험을 쌓을 수 있었습니다. 더 이상 만회할 기회가 없다고 포기하지만 않는다면 인생에는 언제나 새로운 기회가 시작됩니다.

많은 분들이 '성공 아니면 실패'라는 이분법적 시각을 갖고 삶을 바라봅니다. 결과에 대한 두려움이 커서 아예 실패를 선택하기도 합니다. 아예 시도조차 못하는 것이 그런 경우입니다. 시도하지 않으면 실패할 일도 없다고 생각할 수 있습니다. 또 시작했다 해도 열심히 노력하지 않기도 합니다. 나중에 결과가 좋지 못할 때 '열심히 안 해서'라는 핑계가 되어주기 때문입니다.

결국 시도하지 않고, 노력하지 않았으니 좋은 결과가 나올 수 없는, 시작부터 결론이 정해져 있는 안타까운 선택입니다. 누가 이런 선택을 하나 의아하실지 모르지만, 의외로 많은 분들이 자신도 모르는 사이에 이러한 함정에 빠집니다. 왜 이런 선택을 하게 되는지는 사람마다 다른 사연과 숨은 마음이 있을 겁니다.

미루는 습관을 가진 분들 중에도 게을러서가 아니라, 완벽주의 성향이 있는 경우가 많습니다. 처음부터 너무 잘해야 한다는 부담을 갖고 시작하려니 엄두가 나질 않는 겁니다.

어려운 책을 읽을 때, 처음엔 대충 훑어만 본다는 생각으로 이해되지 않는 부분은 가볍게 넘기면 일단 끝까지 읽을 수 있습니다. 끝까지 읽으면서 전체적인 흐름 속에 처음엔 잘 이해되지 않던 개념도 서서히 감이 잡히기 시작합니다. 두 번째 다시 읽을 때는 훨씬 수월해집니다. 그런데, 처음부터 완벽하게 이해하고 넘어가려고 덤비면 진도가 영 나가지 않고, 몇 페이지 넘어가지 못해 포기하기 쉽습니다. 이런 분들은 뭔가를 시작하는 게 엄두가 나지 않아 계속해서 미루기 쉽습니다.

완벽한 결과에 집착하면서 놓치는 것은 '경험을 통한 성숙'입니다. 성공이라는 결과보다는, 과정을 통해 차근차근 성장하는 데 초점을 두면 마음의 부담을 줄이고 앞으로 나아갈 수 있습니다. 결과에 대한 과도한 기대와 욕심이 시작도 하지 못하게 발목을 잡습니다. 잘 해내야 한다는 부담이 과정에 몰입하지 못하게 합니다.

넘어질 때도 있고, 비틀거리기도 하지만 일단 페달을 밟아야 앞으로 나아갈 수 있고, 균형을 잡으며 자전거를 탈 수 있습니다.

당신이 잃어버린 것들
상실과 우울감

　몇 년 전 만났던 G님은 사정상 길게 상담을 받을 수가 없었습니다. 5회 만에 종결했는데요. 짧은 기간이었지만 그녀와의 만남은 생생한 기억으로 남아 있습니다.

　처음 상담실을 찾아왔을 때 G님은 중요한 시험을 앞두고 있었습니다. 그런데 웬일인지 얼마 전부터 공부에 영 집중이 안 되고 무기력감을 느껴 초조해하고 있었습니다. 평소 G님은 늘 성실하게 생활해 왔습니다. 그런데 시험을 고작 몇 개월 앞두고 갑자기 왜 이러는지 모르겠다며 당황하고 있었습니다.

　이야기를 나눠보니 G님은 1년 전쯤 아버지를 잃었습니다. G님이 어릴 적부터 아버지는 건강이 좋지 않으셨습니다. G님이 철이 들 무렵부터 아버지는 주로 누워 계셨고, 죽음도 그리 갑작스러운 일은 아니었습니다. 장례를 치르자마자 G님은 쉬지 않고 현실로 바로 복귀했습니다. 그런데 아버지의 1주기가 되어오는 시점에 갑자기 전에 없던 우울감이 찾아온 겁니다.

G님은 힘든 일을 겪으면서도 열심히 달려왔고 지칠 대로 지쳐 있었습니다. 너무 집중이 안될 때는 차라리 여유를 갖고 잠시 숨을 돌릴 것을 권했습니다.

상담 3회기쯤 되었을 때 G님이 재미있게 본 만화 얘기를 꺼냈습니다. 마침 저도 감명 깊게 본 작품이어서 공감대를 형성할 수 있었습니다. 만화 속 좀비들은 기억이 사라진 후에도 밤만 되면 어딘가로 향합니다. 저마다 목적지가 있는 것처럼요. 가족이나 연인에게로 돌아가려는 겁니다. 더 이상 사람이라고 할 수 없게 된 후에도 소중한 이에 대한 마음은 귀소본능처럼 남아 있었습니다.

좀비들의 어눌한 모습에서 G님은 오랜 투병으로 몸이 불편했던 아버지를 떠올렸습니다. 돌아가시기 얼마 전, 아버지는 주머니에서 꼬깃꼬깃해진 사탕을 꺼내 주셨답니다. 바지 주머니에 들어 있었던 사탕은 녹진했습니다. 말도 못 하고, 손도 잘 못 쓰는 아버지가 다 큰 딸 주려고 병원에서 사탕을 집어오신 겁니다.

그 이야기를 하며 G님은 비로소 눈물을 터뜨렸습니다. 아버지가 아프시기 전 온 가족이 함께 여행 갔던 일, 생일에 분홍 구두를 사주셨던 기억을 떠올렸습니다. 어른이 되고 여러 가지 성취를 이뤄왔지만, 바라봐주고 누구보다 기뻐해 줄 아버지는 계시지 않았습니다.

소중한 누군가를 잃으면 애도의 과정을 거쳐야 한다고 합니다. 때로는 아프기도 따뜻하기도 했던 기억을 되돌아보고, 그 사람을 잃은 것이 어떤 의미인지 이해해야 합니다. 충분히 슬퍼하는 과정이 있어야 비로소 떠나보낼 수 있습니다. 이 과정이 이루어지지 않으면 마음 한쪽은 과거에 얼어붙어 버리고 맙니다.

미셸 공드리의 드라마 〈키딩(Kidding)〉은 상실과 애도의 과정을 독창적으로 그린 작품입니다. 아름다운 노래와, 재치 있는 인형극 장치들을 통해 상상과 현실을 오가며 주인공 제프의 마음을 보여줍니다.

제프는 교통사고로 아들을 잃었습니다. 그러나 변함없이 다정하고 모범적인 인형극 진행자, 피클스 아저씨로 평소와 다름없이 살아갑니다. 사고를 낸 가해자를 경제적으로 지원하기도 하고, 아들의 죽음을 소재로 '자연스럽게' 방송을 합니다. 이런 그의 모습은 가족과 친구들에게는 너무도 부자연스럽고 위태롭습니다.

이해할 수도, 받아들일 수도 없는 일들(죽음, 이혼, 방송 위기, 배신)이 제프에게 계속 일어납니다. 그는 자신의 감정과 상황을 통제하기 위해 자꾸만 무리수를 둡니다. 그럴수록 슬픔과 분노는 엉뚱한 모습으로 튀어나와 사고를 칩니다. 현실은 걷잡을 수 없이 꼬여 갑니다.

상실은 슬픔으로, 때론 깊은 우울감으로 우리 마음에 흔적을 남깁니다. 소중한 누군가를 다시는 볼 수 없게 되기도 하고, 영원할 것 같았던 사랑과 결별하기도 합니다. 나를 떠나버린 인연이 사람이 아닐 수도 있습니다. 오랫동안 마음을 준 반려동물이나 소중한 물건일 수도 있습니다. 혹은 건강이나 젊음, 능력, 재산일 수도 있습니다. 영원히 붙잡을 수 있는 것은 아무것도 없습니다. 언제든 내 노력과 의지와는 상관없이 잃어버릴지 모를 것들입니다.

'모든 고통에는 이름이 필요하다'라고 피클스 아저씨는 노래합니다. 이름을 붙인다는 건 그 존재를 인정하고, 이해하며, 의미를 부여하는 일입니다. 이유 모를 우울감을 느껴 왔다면 당신의 고통엔 어떤 이름을 붙일 수 있을지 찾아보셨으면 합니다. 당신이 무엇을 잃어버렸는지요.

아버지를 잃었던 G님은 5회의 상담을 무사히 마쳤습니다. 5번의 짧은 만남으로 애도가 완성되고, 우울감이 말끔히 사라진 것은 아닐 겁니다. 다만, 현실에 치여 미처 바라보지 못했던 자신의 마음, 아버지를 잃어버린 아픔과 그리움, 그리고 팍팍한 현실 앞의 두려움을 마주 보았을 겁니다.

왕은철 작가의 『애도 예찬』이라는 책은 문학 작품 속에 나타난 죽음과 그리움, 애도의 이야기를 들려줍니다. 『폭풍의 언덕』 속

히스클리프의 애도를 거부하는 사랑, 애도에 실패한 아들 '햄릿' 이야기, 열네 명의 자식을 잃은 후 돌이 되어 아무것도 느끼지 못하게 된 '니오베' 등 죽음을 받아들이는 혹은 거부하는 여러 가지 형태를 보여 줍니다.

> "문학은 애도의 한 방식일지도 모른다. 이는 언어가 애도와 불가분의 관계에 있다는 말이기도 하다. 어쩌면 애도는 언어의 매개 없이는 가능하지 않은 것인지도 모른다. 그리고 애도는 말로 할 수 없던 슬픔을 말로 표현하면서, 즉 언어의 영역으로 끌어오면서 비로소 시작되는 것인지도 모른다. 비록 그 애도의 끝이 어딘지 알 수 없고, 애도의 끝이라는 게 존재하는지도 불확실하지만 …"

G님은 상담에서 처음으로 아버지의 죽음을 말할 수 있었습니다. 비로소 애도를 시작하며 삶으로 돌아올 수 있었을지 모릅니다. 상담이 끝나고 몇 개월 후 그녀는 멋진 정장 차림으로 다시 상담실을 찾아왔습니다. 시험에 통과해서 꿈꾸던 일을 하게 되었다고 합니다. 그게 벌써 8년 전쯤 일이니, 지금쯤은 아기 엄마가 되었을지도 모르겠네요.

비행기가 무서워졌다
불안 다스리기

저는 비행기 타는 게 무섭습니다. 비행기가 이륙할 때 속도가 올라가기 시작하면서부터 가슴이 두근두근 뛰고, 이륙 후 한동안은 온몸에 힘이 들어가고 식은땀이 납니다. 비행이 어느 정도 궤도에 오르고 나면 조금 안정이 되었다가, 난기류를 만나 비행기가 심하게 흔들리기라도 하면 다시 두려움이 커지며 가슴이 쿵쾅댑니다.

비행기뿐만이 아닙니다. 배를 타기도 두렵습니다. 7년 전쯤 부산에서 오륙도를 돌아오는 유람선을 탔습니다. 어린아이들도 아무 소리 없이 잘만 타는데 저는 타는 순간 내리고 싶어졌습니다. 작은 배라 안정감 없이 둥실둥실 흔들리는 게 겁이 났습니다. 쾌속정도 아닌 유람선 타는 걸 무서워하다니 애들 앞에서 부끄러워 말도 못 하고 꾹 참느라 혼났습니다.

어릴 때부터 저는 겁이 많았고, 지금도 그렇습니다. 어느 정도는 타고난 것 같습니다. 놀이 기구 같은 건 회전목마처럼 속도감 없는 게 아니면 타지 않습니다. 연애할 때 남편과 놀이 공원에 갔다가 롤러코스터를 타자고 손을 잡아끌던 남편을 뿌리치고 저 혼자 줄행랑을 쳤습니다. 제가 어찌나 빨리 뛰던지 깜짝 놀랐다고 남편은 지금도 가끔 놀립니다.

그 외에도 빠르고 흔들리는 모든 것들이 저를 질겁하게 합니다. 남들 다 재밌다는 스키도 무슨 재미인지 모릅니다. 워낙 운동 신경이 없는 데다 조금이라도 속도가 붙으면 겁이 나서 그냥 주저앉아 버립니다. 자동차도 너무 빠르게 달리면 무서워서 손잡이를 꼭 부여잡게 됩니다. (참고로 저도 운전을 합니다.)

비행기로 말하자면 처음부터 무서웠던 건 아닙니다. 아무런 두려움도 못 느끼고 비행기를 탔던 기억도 몇 번 있습니다. 비행기에 겁을 먹기 시작한 건 유치원 다니던 아이와 부모님을 모시고 북해도 여행을 갔을 때부터였습니다. 겨울바람이 심하게 불었고, 난기류에 비행기가 뚝 떨어지듯 덜컹 몇 차례 흔들렸습니다. 저 말고도 두려움에 작은 탄식 같은 비명을 지르는 사람들로 기내는 어수선했습니다. 그 후로 비행기를 탈 때면 공포 반응이 나타나기 시작했습니다.

두려움이 생긴 게 꼭 비행기만의 문제는 아니었던 것 같습니다. 당시 저는 직장 생활을 하며 아이를 키우는 워킹맘이었는데, 부모님의 도움을 많이 받으면서도 아침부터 잠들 때까지 하루하루가 바쁘고 고단했습니다. 저의 스트레스 수준과 정서적 상태가 이미 불안이 싹트기에 최적화되어 있을 때 비행기를 탔던 거죠. 즉, '원래 가지고 있었던 성향+불안정한 심리 상태+난기류로 심하게 흔들리던 비행기'라는 조합이 비행 공포라는 결과를 가져왔던 겁니다.

몇 년 전 상담을 하면서 만난 H님은 다니던 회사를 그만두고 새 직장을 알아보고 있었습니다. 사춘기 무렵 시작된 공황 증상이 다시 심해지고 있었습니다. 병원 치료도 받았지만 증상은 심해졌다 약해졌다를 반복하며 지속되어 왔습니다. 그의 불안이 최고조에 달하는 상황은 한겨울, 바람이 부는 날, 동반자 없이 홀로, 지하철이나 버스 같은 대중교통을 이용할 때였습니다.

상담을 하면서 H님의 어린 시절 상황을 알게 되었습니다. H님의 가족은 사이가 좋고, 가족끼리 똘똘 뭉쳐 단란하게 지내는 편이었는데, 경제적 어려움으로 인해 집안이 시끄럽던 어느 날, 밤이 캄캄해지도록 부모님이 귀가하지 않았다고 합니다. 눈이 많이 오고 바람이 심하게 불던 날을 H님은 생생하게 기억하고 있었습니다. 동생 손을 잡고 동네 버스 정류장까지 부모님을 찾으러 나갔던 밤, 그의 공황 증상이 시작되었습니다. 공포에 가까운 불안한 마음에 추운 날씨, 바람과 같은 요소가 뒤섞여 버렸습니다. 그 후로 바람이 심하거나 눈이 많이 오는 날이면 그는 알 수 없는 긴장감을 느끼곤 했습니다.

　새로운 직장을 구해야 하는 시기에 부모님의 건강 문제까지 맞물려 H님의 불안은 다시 심해졌을 겁니다. 상담을 하면서 H님은 오래전 공황장애가 시작될 당시 느꼈던 공포를 다시 마주했습니다. 또, 현재 겪고 있는 상황들이 얼마나 두렵고 막막하게 느껴지는지도 이해하기 시작했고요.

　피할 수 없는 일들에 조금씩 자신을 노출시킬 방법들을 강구하고, 도전할 용기를 냈습니다. 일단 사람이 적은 시간에 짧게 지하철을 타보고, 다음번엔 시간을 좀 더 늘려보고, 어떤 날은 친구와 함께 조금 붐비는 시간에 이용해 보는 식으로요. 가슴이 답답하거나 호흡이 가빠질 것 같으면 바로 내려서 바람을 쐬며 쉬어 갈 때도 있었습니다. 날씨가 좋지 않은 날엔 좋아하는 음악을 들으며, 혹은 통화를 하며 걸어보기도 했습니다. 여러 시도를 하면서 마음을 안정시켜주는 자신만의 방법을 찾았습니다.

　증상을 의식하지 못하는 날도 생겼습니다. 미처 깨닫지 못했는데, 돌아보니 별일 없는 날도, 무던히 하루를 보낸 날도 있었음을 깨달았습니다. 조금 힘이 들더라도 필요한 외출을 할 수 있는 날이 점점 늘었습니다. 공황 증상이 완전히 사라진 건 아니지만 구직활동을 다시 시작할 수 있었습니다.

저도 비행기 타는 게 무서워진 이후로도 비행기를 탈 기회가 몇 차례 있었습니다. 제가 가장 두려워하는 이륙의 순간을 통과하기 위해, 좋아하는 영화 잡지나 만화책도 준비하고(본격적으로 두려움이 절정에 달하기 전에 몰입하려고 합니다), 심호흡을 하고 스트레칭을 하며 긴장을 풀어 보기도 합니다.

이런저런 사정으로 여행을 가본 지 오래됐습니다. 코로나가 잠잠해지면 남프랑스나 스페인에 꼭 가보고 싶습니다. 그동안 비행 공포가 나아졌을지 비행기를 타봐야 알 수 있겠죠. 피할수록 불안은 더욱 커질 테니까요.

화나는 마음 어떻게 할까
화를 이해하고 다스리기

I님은 감정 조절이 잘 되지 않고 자꾸 화가 나서 상담실을 찾았습니다. 사소한 일에도 화가 치밀어 오르고 잘 참지 못한다고 했습니다. 한번 화가 나면 욱해서 무섭게 소리를 지르니 가족들도 슬슬 자신을 피하는 눈치고, 사춘기가 된 아들이 대들기라도 하면 큰 싸움이 된다고 했습니다. 직장에서도 상사든 부하든 가리지 않고 욱할 때가 있어 손해를 본다고 했습니다.

우리는 감정을 잘 조절하고 통제할 수 있기를 바랍니다. 뜻밖의 상황에서 불편한 감정이 갑자기 튀어나와 당황스럽게 하거나, 일을 그르치고, 주변 사람들과의 관계를 힘들게 만들 수 있으니까요.

감정을 잘 조절하는 데는 어떤 비결이 있는 걸까요. 화나는 감정을 예로 들어 볼까요. 화가 날 때 흔히 '도저히 어쩔 수 없었다. 나도 모르게 화를 내게 된다'라고 얘기합니다. 정말 그럴까요? 우리는 폭군 같은 감정의 지배에 꼼짝없이 휘둘릴 수밖에 없는 걸까요.

화가 나면 화를 즉시 처리하고, 밖으로 내보내야 할 것만 같습니다. 화가 나게 만든 대상, 혹은 엉뚱한 사람에게라도 마구 쏟아내야 화가 가라앉는다고 생각합니다. 그런데 내 감정을 잠시만 데리고 있어 본다면 어떻게 될까요.

곧바로 화를 내는 것도 아니고, 꾹 참는 것도 아니며, 아이를 돌보듯이 잠시 살펴본다고 생각해 보세요. 단, 어떤 '생각을 멈추고' 심호흡을 하면서 화가 치밀어 오르고, 일렁이고, 꿈틀 거리는 것을 바라봅니다.

그렇게 가만히 있다간 점점 더 화가 나서 돌아버릴 거라고요? 그건 화가 나는 상황이나 사람에 대해 계속 생각하면서 불붙은 화에 기름을 붓고 있기 때문입니다. '어떻게 그런 행동을 하지? 날 무시하는 건가? 가만 보니 자꾸 기어오르네. 그냥 두면 안 되겠어.' 이런 식으로 생각이 계속 꼬리를 물고 이어지면서, 사실과 내 생각이 뒤엉키고, 화는 점점 더 증폭됩니다.

생각을 따라가지 말고 잠시 멈추어 봅니다. 오로지 숨 쉬는 데만, 그리고 당신의 몸의 감각에만 집중해 보세요. 그리고 스트레칭을 하고, 열을 식히며 심호흡해보세요.

감정 자체는 시간이 흐르면서 대개 바뀌거나 흘러갑니다. 파도가 치는 것처럼 철썩 왔다가 천천히 수그러 듭니다. 감정을 어떻게 해치우려고 조바심 내지 않아도, 잠시 바라보고, 느끼고, 알아주면 차츰 가라앉을 때가 많습니다.

『소피가 화나면 정말 정말 화나면』이라는 귀여운 그림책이 있습니다. 어린 소피가 언니와 싸우고 화가 났다가 차츰 마음을 가라앉히는 상황을 그렸습니다. 화가 나서 불처럼 뜨거워진 소피는 집 밖으로 뛰어나가 마구 달립니다. 뛰고 걷다가, 자신이 가장 좋아하는 나무에 올라 바다를 바라보며 차츰 마음이 가라앉고 차분해져서 집으로 돌아옵니다.

시야가 탁 트인 나무 위에서 소피가 가만히 바다를 바라보는 장면에선 독자의 마음도 평온해집니다. 인물 주변에 노랑, 주황, 빨강으로 테두리 선을 그려 넣어 감정의 변화를 표현한 것도 재미있습니다.

당장 화가 나서 통제가 어려울 것 같을 때 간단한 응급처치법을 알려 드릴게요. 감정이 변할 때는 마음과 함께 우리의 몸도 달라집니다. 화가 날 땐 보통 체온이 올라 얼굴이 빨개지고, 몸에 힘이 잔뜩 들어가고, 부들부들 떨리기도 합니다. 감정이 올라온다 싶을 때 일단 몸의 변화부터 민감하게 살펴보세요. 당신의 몸을 통해 마음을 느낄 수 있습니다. 그리고 잠시라도 그 상황을 벗어나세요. 소피처럼 잠시 바람을 쐬거나, 세수를 하거나, 차가운 물건으로 뺨을 식히면서 체온을 떨어뜨려 보세요.

우리의 몸과, 감정과, 생각은 함께 세트로 작동합니다. 어떤 생각이 들 때 감정이 달라지고 몸도 따라 변하기 시작합니다. 그러니 거꾸로 몸 상태를 먼저 바꿔보는 겁니다. 몸이 바뀜에 따라 마음의 온도도 살짝 식을 수 있습니다. 멀리 나가기 어렵더라도 화가나는 상황에서 잠시 떨어져 (잠깐 화장실을 다녀오거나) 천천히 몇번 심호흡을 해도 좋습니다.

화가 머리끝까지 올라오고 나면 이미 감정에 압도되어 버릴수 있으니, 가급적 오르기 시작할 때 얼른 알아차리고 응급처치를 해주는 게 좋겠습니다. 화가 나면 몸에 힘이 들어가고 딱딱하게 굳기도 합니다. 일종의 전투태세에 들어가는 거죠. 뻣뻣하게 굳은 목이나 어깨를 스트레칭을 해서 살짝 풀어주고, 손을 꼭 쥐었다 폈다 하면서 힘을 빼고 이완하도록 몸을 변화시킬 수도 있습니다. 생각은 잠시 멈추고 몸의 감각에만 집중해보세요.

뜨거워진 감정이 조금 가라앉으면 침착하고 어른스럽게 상황에 대처할 가능성이 높아집니다. 화나는 마음을 적절히 표현하고 전달하며, 문제를 해결할 방법을 생각해낼 수 있을 겁니다. 내가 화났다는 걸 상대가 눈치채는 것 자체는 문제가 되지 않을 겁니다. 화에 지배되어 나와 상대를 집어삼킬 것처럼 위협적일 정도가 아니라면요. 표현의 방법과 정도, 빈도가 중요할 겁니다.

감정을 어떻게 처리하는가는 어릴 때부터 길러진 습관 같은 겁니다. 화가 났을 때 버럭 무섭게 소리를 지르고 물건을 던지는 사람은 그렇게 해야만 화가 풀릴 거라고 믿습니다. 그러나 사실 오래도록 그렇게 해왔을 뿐입니다. 습관적으로 반응하는 방식에 길들어 그 방법밖에 없다고 생각하는 거죠.

어린아이가 넘어지면서 장난감을 망가뜨려 울고 있다고 상상해 보세요. 아이와 함께 있는 어른이라면 어떻게 해야 할까요? 먼저 아이가 다치지는 않았는지 확인하겠죠. '많이 아팠겠구나, 놀랐니? 장난감이 망가져서 속상하겠구나.' 하며 아이의 마음을 읽어줄 테고요. 빨리 뚝 그치라고 하기보다, 조금은 울고 속상해하도록 기다려 줄 겁니다. 그러면 아이도 '난 아프고 놀랐어. 장난감이 망가져서 속상해.' 하며 자신의 감정에 이름을 붙일 수 있게 됩니다. 조금은 울어도, 속상해도 괜찮고, 시간이 지나면서 차츰 감정이 가라앉는 것도 배울 거고요. 그러고 나면 함께 상처에 약도 바르고, 장난감도 고쳐볼 수 있을 겁니다.

멈추고 화를 바라보며 화가 흘러가는 것을 지켜보는 것과, 무작정 화를 참고 모른 척하는 것은 다릅니다. 화가 날 때 나 자신에게 자비롭게 말을 걸어주는 친절한 어른이 되어 주세요. '화가 나는구나. 그럴 수 있어. 잠시 멈춰보자. 가슴이 답답하고 부글거리네, 숨을 깊이 쉬어보자. 뒷목이 아프네, 스트레칭을 해보자. 얼굴이 뜨겁네, 바람을 좀 쐬어 주자.' 이렇게 몸의 감각에 집중하면서요.

티베트의 존경받는 불교 스승인 족첸 뾘롭 린포체는 자신의 저서 『감정 구출』에서 이렇게 말합니다.

"감정이란 반짝이는 불빛 혹은 청량음료 위의 거품과도 같다.

불꽃처럼 번쩍인 다음 다른 불꽃이 일어난다.

일어나고 사라지며, 깜빡거리고 펑 터진다.

이 불꽃들은 연관되어 있지만 동일하지 않으며 오래가지도 않는다.

이것이 감정들의 진면목이다.

당신이 '화'라는 에너지를 부채질하지 않는다면, 화는 그저 사라질 것이다.

화라는 감정에 친절, 연민, 용서와 같은 긍정적인 생각을 계속 먹이면서 어떤 일이 일어나는지 살펴보라."

그럼에도 불구하고 해결되지 않고, 흘러가지도 않고, 자꾸 반복해서 올라와 나를 압도하는 감정이라면 조금 더 자세히 살펴볼 필요가 있습니다. 지금 받고 있는 스트레스뿐 아니라, 오래 해묵은 감정이, 해결되지 않은 문제가 봐달라고 고구마 줄기처럼 주르르 끌려오는 것일지 모릅니다. 왜 자꾸 화가 나는지, 무엇에 진짜 화나는지 잘 들여다봐야 합니다.

중독은 혼자 오지 않는다
고통의 또 다른 얼굴

30대인 J님은 컴퓨터 게임을 하거나 게임 방송을 보면서 시간을 보냅니다. 아이도 없고, 남편은 회사 일로 밤늦게까지 바빠 혼자 있는 시간이 많습니다. 게임 방송에 참여해 채팅을 하기 시작하면서 더욱 재미가 붙었습니다. 사람들과 얘기도 나눌 수 있고, 좋아하는 유튜버가 내 이름을 불러주니 더욱 신이 납니다. 방송 중에 현금을 보내니 관심이 집중됐고, 그동안 남편 몰래 쓴 돈이 1천만 원 정도 됩니다. 너무 많은 돈을 쓰고 있다는 생각에 남편에게 미안하기도 하지만, 방송을 보지 않으면 허전해서 계속 접속을 하게 됩니다.

40대인 남성 K님은 술을 좋아합니다. 예전에는 사람들과 어울려 회식을 하거나, 모임이 있을 때 가볍게 마셨습니다. 그런데 언젠가부터 혼자 집에 있는 저녁 시간이나 직장에서도 틈틈이 술을 마시기 시작했습니다. 작은 사업체를 운영하는 K님은 일하다가도 짬이 나면 한 잔 생각이 나고, 지인들이 찾아와도 식사를 겸해 술자리를 만듭니다.

처음에는 한두 잔 가볍게 마시는 거라 티도 안 나고, 기분 좋은 정도로 마시니 문제 될 게 없다고 생각했습니다. 그런데 차츰 빈도가 잦아지고 주량이 늘어나면서 실수가 잦아집니다.

얼마 전에는 술기운이 오른 채 근무를 하다 넘어져 다치기도 했고, 가스불을 켜놓고 깜빡 잠이 들어 큰일 날 뻔한 적도 있었습니다. 이제는 자신의 음주 습관이 조금 문제인가 싶기도 하지만, 당장 끊기는 어렵게 느껴집니다.

두 분 모두 자신의 습관에 문제가 있음을 알고 있고, 수위가 점차 높아져가고 있습니다. J님은 조용히 혼자 있는 시간이면 허전하고 쓸쓸한 느낌이 들어 컴퓨터부터 켜게 됩니다. 게임 방송에서 만큼은 누군가와 함께 있는 기분이 듭니다. 스마트폰이 늘 곁에 있으니 24시간 접속할 수 있는 상황이라 더욱 피하기 어렵습니다.

K님에게 술을 마시면 어떤 점이 좋은지, 어떤 기분을 맛보고자 술을 드시는지 여쭤봤습니다. 술을 마시면 스트레스 받는 상황이나 현실의 복잡한 어려움을 잊을 수 있고 기분이 좋아진다고 합니다. 평소에 잘 느끼지 못하는 활기와 즐거운 기분을 느낍니다.

원래 말 수도 적고 소심한 성격인데 술이 들어가면 농담도 잘하고, 속으로 담아 두었던 말도 거침없이 하게 된다고 합니다.

　　중독이 중독 그 자체만의 문제인 경우는 드뭅니다. 우울, 불안, 대인관계 문제, 극심한 스트레스, 외로움 등 다른 어려움들을 갖고 있을 때 중독과 함께 나타납니다.

　　열이 날 때 해열제를 먹으면 체온을 내릴 수는 있지만 열이 나는 원인이 사라지는 것은 아닙니다. 열의 원인이 되는 염증 등 근본적인 문제를 제대로 치료해야 합니다. 술(게임, 쇼핑, 도박)이 잠깐의 위로는 될지 모르지만, 술을 찾게 하는 마음의 불편함을 궁극적으로 없애주지는 못합니다. 오히려 문제로부터 점점 멀리 도망가게 하고, 상황은 더욱 악화됩니다. 고통으로부터 벗어나고자 의존하고 탐닉하다 오히려 일상의 균형이 무너질 수 있습니다.

　　심각한 문제로 드러나지 않아도 누구나 술, 담배, 스마트폰, 쇼핑, 음식 등에 탐닉하여 멈추기 어려울 때가 있습니다. 가족조차 알아차리지 못할 정도로 경미하게 지나가기도 하고, 때로는 걷잡을 수 없이 상황이 악화되기도 합니다.

　　J님은 이른 나이에 남편을 만나 결혼하면서 삶의 방향을 진지하게 고민해보지 못했습니다. 경제적으로는 비교적 안정되었지만 생활은 단조롭기만 했고, 아이를 갖는 것도 뜻대로 되지 않았습니다. 친정 식구들은 J님에게 걱정할 게 뭐 있냐, 팔자 좋은 소리

한다고 합니다. 자라면서 열등감이 많았던 J님도 엄마와 언니에 비해 여유로운 생활이 뿌듯하기도 하지만 그런 기분은 잠시뿐, 왜 자꾸 답답하고 우울한지 누구한테 털어놓기도 어렵습니다.

K님은 부모님의 불화와 아버지의 알코올 중독으로 불안정한 유년기를 보냈습니다. 아버지가 술을 마시고 어머니를 때리고, 돈도 벌어오지 못해 늘 원망스러웠습니다. 그런 아버지의 모습이 싫어서 K님은 어린 나이부터 악착같이 돈을 벌고 열심히 살았습니다. 자신은 아버지와 달리 술도 잘 통제할 수 있다고 믿었습니다.

그런데 사업이 안정되고 조금씩 여유가 생기면서 K님은 어떻게 쉬어야 할지 몰랐습니다. 긴장을 풀고, 즐거운 기분을 느끼고 싶을 때 생각나는 건 결국 술이었습니다.

J님은 게임을 통해 얻고 있는 존재감과 인정 욕구를 충족시킬 다른 일을 찾아보기로 했습니다. 취미, 종교, 봉사활동 등 성취감을 느낄 수 있는 작은 일들부터 시작해 보기로 했습니다. K님은 골프를 배워보기로 했습니다. 처음엔 비싼 돈을 들여 운동을 배운다는 게 망설여졌습니다. 그러나 평생 자신의 즐거움을 위해 돈을 써보지 못했다는 사실을 깨닫고 큰 맘먹고 레슨 등록을 하고, 골프채를 장만했습니다.

어딘가에 마음을 뺏겨 문제가 되고 있는데도 빠져나오기 힘들다면 습관 뒤에 숨은 마음을 들여다볼 필요가 있습니다. 무엇이 불편하고 피하고 싶은지, 어떤 욕구가 충족되지 않고 있는지,

어떤 기분을 느끼고 싶은지요.

술이나 게임을 통해 얻고 있는 느낌을 다른 것으로 대체할 수 있다면 술이든, 게임이든, 그 무엇에든 우리가 그렇게 빠져들고 휘둘리며 집착할 이유가 줄어들 겁니다.

도망칠 때도 있는 거지
방어와 회피

얼마 전 제목 때문에 이끌려서 본 드라마가 있습니다. 〈도망치는 건 부끄럽지만 도움이 된다〉라는 일본 드라마입니다.

여주인공 모리야마는 석사 학위까지 갖고 있지만 취업이 잘되지 않고, 계약직으로 근무하던 임시 직장에서도 해고되고 맙니다. 누구보다 열정적으로 열심히 일해왔지만, 정직원 자리는 눈치껏 사회생활을 잘하는 동기에게 돌아갑니다.

모리야마는 일자리를 구하던 중 독신남 히라마사의 집에서 가사도우미로 일하게 되는데요. 가사가 생각보다 적성에 잘 맞는 겁니다. 혼자 조용히 일할 수 있고, 근무 시간 대비 수입도 나쁘지 않고, 고용주인 히라마사도 정확하고 예의 바른 사람이라 스트레스 안 받고. 어지간한 직장보다 낫지 싶습니다. 마침 부모님의 귀

촌으로 거주지가 애매해진 모리야마는 충동적으로 계약 결혼을 제안합니다. 철저한 계산 끝에 히라마사도 이 제안이 실보다 득이 많다는 결론을 내리고 두 사람은 희한한 동거 생활을 시작합니다.

이후의 내용은 예상하시다시피, 고용 관계에 있던 두 사람이 차츰 연인으로 발전되어 가는 알콩달콩한 로맨틱 코미디입니다.

히라마사는 연애에 통 관심도 없고 숙맥인 독신남입니다. 일에는 유능하고 철저하지만 연애 한 번도 해본 적 없고, 착하고 진실한 사람이지만 여자 마음은 도통 모릅니다. 모리야마는 밝고 싹싹한 성격이지만 거절당하는 데 대한 상처가 있습니다. 몇 차례 연애 경험과 구직 활동, 짧은 직장 생활을 통해 '나를 원하는 곳은 없다'는 생각을 갖게 됐습니다.

가사도우미로 계약 결혼까지 한 자신의 처지를 비관하며 모리야마가 말합니다. '나는 늘 도망치면서 살아왔다. 씩씩하게 끝까지 맞서지 못하고, 두려워서 도망치듯 살고 있다'라고 아픈 마음을 고백합니다. 그런 모리야마에게 히라마사가 담담하게 말해줍니다.

"도망치는 게 뭐 어때서요? 헝가리 속담에 도망치는 건 부끄러운 일. 그러나 때론 도움이 된다는 말이 있습니다. 전쟁에서 위험한 상황이 닥치면 맞서 싸우지 않고 도망가는 게 전략일 때도 있습니다. 중요한 건 살아남는 겁니다."

세상은 도망치지 말고 당당하게 맞서라고 말합니다. 계속되는 회피와 외면은 문제를 눈덩이처럼 악화시킬 수도 있고, 언젠가 제대로 마주할 수밖에 없을 때가 오면 더 큰 고통을 느끼게 될지 모르겠습니다. 그러나, 히라마사의 말처럼 살다 보면 때로는 도망칠 수밖에 없을 때도 있지 않을까요.

어린 시절 감당할 수 없는 고통과 두려움으로부터 스스로를 지키기 위해 우리는 무의식중에 여러 가지 방어기제를 만들어 냅니다. 고통스럽고 불쾌한 생각(기억)을 망각하고 무의식 속에 가두어 놓는 '억압' 그럴듯한 이유를 만들어 결과를 정당화하는 '합리화', 스스로 받아들일 수 없는 충동(생각)을 다른 사람에게 돌림으로써 불편한 감정에서 벗어나고자 하는 '투사' 등 고통에 대응하고자 하는 전략들을 발달시킵니다. 방어기제는 원해서 골라 사용하는 것이 아닙니다. 맞서야 할 위험이 너무 압도적으로 느껴질 때 스스로를 보호하기 위해 만든 나름의 생존 전략입니다.

도망을 쳤다면 어떤 마음에서 도망을 칠 수밖에 없었는지, 그게 어떤 효과를 가지고 유지되어 왔는지 이해해보는 마음이 필요합니다. 그땐 정말 그럴 만했다, 오죽하면 그랬을까, 내 마음을 충분히 공감해줄 때 꽁꽁 묶여있던 마음이 풀려나기 시작합니다. 자유롭게 풀려난 마음으로 지금 현재를 있는 그대로 바라볼 수 있을 겁니다.

그러니 일단은 살아남는 게 먼저입니다. 도망을 쳤든, 숨어 버렸든, 살아남은 당신은 훌륭합니다.

이제 시간이 지나 상황이 달라졌고, 나도 성장하고 주변 사람들도 변했는데, 예전에 만들어진 전략을 계속해서 남용하고 있을 수도 있습니다. 그렇다면 더 이상 효과가 없고, 오히려 방해되는 습관일 뿐입니다. 이제 달라진 상황에 맞는 새로운 전략이 필요하겠지요. 더 이상 도망칠 필요가 없어졌다는 걸 알아차려야겠죠.

> "우리를 얽매는 모든 것으로부터, 눈에 보이지 않는 작은 아픔으로부터 언젠가 해방되기를. 가끔은 울더라도 웃으며 살 수 있기를 … 어떤 길이든 귀찮은 날들이지만 사랑스러운 날도 있기에, 도망쳐버리는 날이 있어도 심호흡하고 다른 길을 찾아서 다시 돌아오자. 좋은 날도 나쁜 날도 언제든 다시 화요일부터 시작하자!" (참고로 화요일은 극 중 계약부부 허그의 날).
>
> − 〈도망치는 건 부끄럽지만 도움이 된다〉 중에서−

다가오는 것들
나이 듦에 대하여

가을님, 어젯밤 꿈 이야기를 들려주셨죠. 손목시계를 바라보았는데, 시계에 한 줄 금이 가 있고 시곗바늘 사이에는 먼지가 끼어 있었다고 하셨어요. 숫자 부분에 끼어있는 먼지가 답답해서 털어내고 싶었는데 시계를 멈출 수가 없었고, 시곗바늘이 '틱틱틱' 소리를 내며 움직이는 것을 그저 바라보고 있었다고요. 우리는 그 꿈에 대해 잠시 이야기를 나눴습니다. 꿈을 떠올리며 드는 느낌, 연상되는 것들, 꿈에 등장한 것들과 관련된 생각… 그리고 그 꿈이 나이 드는 것에 대한 꿈이 아닐까 하는 얘기를 했죠.

가을님은 30대 중반을 지나 마흔이 가까워지고 있죠. 이제 곧 마흔이라는 생각을 하면 언제 이렇게 나이를 먹었나 화들짝 놀라게 되고, 더 이상 젊지 않다는 생각에 심란해진다고 하셨습니다. 가을님이 어렸을 때 마흔 무렵의 어머니가 얼마나 나이 들어 보였는지 기억난다며, 이제 그 나이가 되었는데 마음은 달라진 게 없고, 나이만 먼저 훌쩍 달아나버린 것 같다고요.

그 나이 때 저는 어땠는지 떠올려봅니다. 나이를 먹어간다는 생각, 삶의 한 챕터가 넘어가고 있다는 인상이 강렬했습니다.

20대는 학생에서 사회인으로 진입하는 단계입니다. 나에게 맞는 직업을 정하고 사회에 적응하며 진짜 어른의 삶을 준비합니다. 부모님께 많은 부분 의지하고 덤으로 따라가도 되던 삶에서 경제적으로, 심리적으로도 독립을 시작합니다. 직장에서는 어떻게 처신할지, 청약 저축을 들어야 하는지, 상갓집에 갈 때는 어떤 옷차림과 인사를 준비할지 하나하나 살아가는 법을 배웁니다. 사랑도 또 하나의 중요한 과업입니다. 마음이 맞는 사람, 평생을 함께 할 사람을 찾는 것이 얼마나 큰일입니까. 결혼이 늦어지기도, 비혼을 선택하기도 하지만, 그러한 결정들이 이 시기를 거치며 차차 정리됩니다.

내 가정을 꾸리고 나면 그야말로 인생 2부의 시작입니다. 완전히 다르게 살아온 두 사람이 한 세트가 되어 살아가기 시작합니다. 치약 쓰는 법부터, 밥 먹는 습관, 옷장 정리까지 끝없는 대화와 싸움을 반복하며 새로운 규칙을 만들고, 습관을 교정하며 새 가정의 기틀을 잡아갑니다. 미혼인 경우에도 독립하여 혼자 살기도 합니다. 부모님이 정해놓은 규칙과 질서에서 벗어나 나만의 세계를 만들어 갑니다. 집세부터 양말 빨래까지, 누군가의 도움이나 간섭 없이 온전히 나 스스로 유지하는 삶입니다. 그렇게 굵직굵직한 이슈들을 결정하고 자리 잡아 가느라 30대 중반까지는 정신없이 지나갑니다.

가을님은 30대 초반에 결혼을 하셨죠. 직업을 갖고, 결혼을 하고, 청년기의 과업들을 차곡차곡 해내셨습니다. 그렇게 일도 가정도 어느 정도 안정되고 정신을 차려보니 30대 중반이 넘었습니다. 차차 중년기로의 전환이 시작되는 나이죠. 바깥세상과 다른 사람들을 향해있던 시선이 나 자신에게로 향하고, 내가 어디쯤 와 있는지, 무엇을 이루었는지, 앞으로 어떻게 살아야 할지 멈추어 바라보게 되는 시기입니다.

〈다가오는 것들(Things to come)〉이라는 프랑스 영화를 본 적이 있습니다. 주인공 나탈리는 자식들을 다 키워 독립시킨 엄마이자, 철학 교사인 50대 여성입니다. 평온하던 어느 날 갑자기 25년을 믿고 함께해 온 남편이 젊은 여자와 사랑에 빠졌다며 떠나 버리고, 나탈리의 안정된 삶에 균열이 생기기 시작합니다.

해마다 자신의 손길로 정성스럽게 가꿔온 아름다운 여름 별장도 이혼과 함께 잃어버렸습니다. 시도 때도 없이 전화해 딸을 불러대던 어머니도 그즈음 노환으로 돌아가십니다. 철학 교사인 나탈리는 자신의 책을 출간한 작가이기도 한데요, 나탈리의 책이 더 이상 젊은 세대의 취향에 맞지 않는다는 편집자의 말을 듣기도 합니다. 교사인 나탈리에겐 아들처럼 아끼며 응원해온 제자가 있습니다. 그런데 애제자 또한 변혁을 주장하며 나탈리에게 맞서 충돌합니다.

50대 여성인 나탈리는 여전히 빨간 원피스를 입고, 책을 읽고, 아이들을 가르치며 열정적으로 살아갑니다. 그러나 나탈리 자신과 주변의 모든 것들이 변하거나 사라져 가는 건 피할 수 없어 보입니다. 노화와 그에 따른 상실의 과정. 줄거리만 놓고 보면 쓸쓸하고 슬픈 영화가 상상될지 모르겠습니다. 그런데 정작 나탈리의 표정은 크게 흔들림 없이 덤덤합니다.

이 모든 과정을 겪으면서도 변함없이 집안 곳곳에 꽃을 장식하고, 화초를 다듬습니다. 젊은 제자들과 함께 여행을 떠나는 동안에도, 어머니가 돌아가셨을 때조차도 손에는 늘 책을 들고 있습니다.

영화의 제목이 '잃어버린 것들'이 아니고 '다가오는 것들'이라는 점이 재미있습니다. 이제 나탈리 곁에 남아있는 존재는 돌아가신 엄마가 남긴 고양이뿐인데요, 야성을 잃어버린 늙은 고양이인 줄만 알았던 녀석이 어느 날 쥐를 잡아옵니다. '이것 봐, 나 아직 살아있어!' 선언하듯 의기양양하게 나탈리 앞에 툭 던져놓고 가죠.

나탈리는 말합니다. '이런 생각을 해. 애들은 독립했고, 남편도 엄마도 떠났지… 나는 자유를 찾은 거야. 살면서 한 번도 겪지 못했던 온전한 자유! 놀라운 일이야. 이건 낙원이잖아.'

생각해 보면 뭔가를 이루어 가는 건 뭔가를 잃어가는 과정이기도 합니다. 그리고 뭔가를 잃으면 또 새로운 것이 다가옵니다.

나탈리의 말처럼 '행복이 아직 안 온다면 희망은 지속된다. 원하던 것을 얻고 나면 오히려 덜 기쁜 법. 행복해지기 전까지만 행복할 뿐'입니다. 행복도 희망도 변화도 상실도, 어떤 의미로 어떻게 다가올지 알 수 없습니다. 꿈꾸고 염원했던 날이 막상 다가오면 김빠진 사이다처럼 시시해지기도 하고, 두려워하며 피하고 싶던 일에서 새로운 의미를 발견하기도 합니다.

가을님, 꿈속의 시계는 금이 가고 먼지가 끼었지만 멈추지 않았습니다. 틱틱틱 시계가 움직이는 소리가 선명하게 들려왔죠.

가을님은 그동안 많은 것을 이루며 열심히 살아오셨습니다. 지금까지 이루어온 것들을 천천히 음미해 보세요. 그리고 가을님 앞에 새롭게 다가오는 것들을 바라보세요.

가을님에게 어떤 세상이 시작되고 있는지, 앞으로는 어떤 꿈을 꿀지, 어떤 경험을 하게 되실지 궁금합니다. 삶이 계속되는 한 우리는 계속해서 무언가를 바라고, 꿈꾸고, 울고 웃으며 살아가겠죠.

죽음은 이야기되어야 합니다

　'죽음에 대해 생각해 본 적이 있으신가요? 최근 들어 그런 생각을 자주 하시나요? 실제로 자살을 시도해 본 적이 있으신가요? 구체적으로 어떤 생각을 하시는지 말씀해 주시겠어요?' 상담을 하면서 평소 일상에서는 잘 얘기되지 않는 '죽음'에 대해 종종 대화하게 됩니다.

　초보 상담자일 때는 죽음에 대한 얘기를 터놓고 자세히 물어봐도 될지 망설여졌습니다. 괜히 얘기를 꺼냈다가 오히려 죽음을 더 많이 생각하게 만들지 않을까, 얘기가 나왔는데 제대로 수습을 못하면 어쩌나 하는 두려움 때문이었습니다. '죽음' 혹은 '자살'이라는 단어를 꺼낸다는 자체만으로도 어쩐지 꺼림칙하고, 불편하며, 무서운 얘기처럼 느껴지는 문화 때문입니다. 나도 어렵고 상대도 힘들어할 거라고 어림짐작합니다.

그러나 다른 모든 얘기들처럼, 죽음에 대해서도 활짝 펼쳐놓고 이야기할 수 있어야 합니다. 죽음에 대해 생각하고, 대화하는 것이 숨겨야 할 일이 아님을, 가장 고통스럽고 절망스러운 마음을 나눌 수 있음을 알려야 합니다. 실제 죽음에 대해 생각하는 많은 사람들은 누군가와 죽음에 대해 이야기하고 싶어 한다고 합니다. 그때 얘기 나눌 누군가가 있느냐가 문제입니다.

'터널 시야(Tunnel Vision)'라는 말이 있습니다. 정서적으로 불안정해지거나, 자살 사고를 갖고 있는 분들이 이런 상태에 빠져있기 쉬운데요. 나에게 일어나는 일들을 폭넓게 보지 못하고, 터널이나 동굴 안에 갇혀 있는 것처럼 시야가 좁아지는 상태를 말합니다. 극심한 스트레스를 받거나, 오랫동안 문제가 잘 해결되지 않을 때 우리는 터널 시야에 빠져 해결점을 찾기 힘들어집니다. 혼자 아무리 고민해도 제자리를 맴도는 기분이 들며 빠져나갈 도리가 없어 보입니다.

꼬인 매듭을 풀어보려고 오랫동안 애를 먹고 있는데, 우연히 옆에서 구경하던 이가 아무렇지도 않게 풀어버리는 것을 본 적이 있으신가요? 저렇게 쉽게 풀리는 것을… 그 사람은 나와 다른 방식으로 접근했기 때문에 손쉽게 매듭을 풀 수 있었던 겁니다. 하나의 문제에 오랫동안 골몰하다 보면 오히려 융통성이 떨어져 문제 해결 능력이 떨어집니다. 이럴 때 가볍게 접근하는 새로운 시각이 필요합니다.

'학습된 무기력'이라는 말 들어보셨나요? 1960년대에 마틴 셀리그먼(Martin Seligman)은 개를 대상으로 실험하던 중 충격적인 현상을 목격합니다. 우리에 갇혀 지속적으로 전기 충격을 받은 개는 처음에는 충격에서 벗어나려고 노력하다가, 차츰 피하려는 노력을 포기합니다. 나중에는 우리 문을 열어줘도 도망가지 않고 충격을 받으며 가만히 있습니다.

실험을 통해, 스스로 통제할 수 없는 경험에 지속적으로 노출되면, 비슷한 상황에서 적극적으로 대처하려는 동기가 감소하고, 문제 해결 방법을 학습하는 데 어려움을 겪게 된다는 결론을 도출했습니다. 이러한 현상을 '학습된 무기력'이라고 합니다.

학습된 무기력 상태에 빠진 개들은 혼자서는 우리를 탈출하지 못했습니다. 탈출할 수 있을 거라는 희망 자체를 포기해 버린 겁니다. 그래서 충격이 없는 다른 쪽으로 피할 수 있도록 누군가가 도와줘야 했습니다.

고민의 깊이가 깊어지고, 노력해봤자 벗어날 수 없다는 느낌이 커질 때 우리는 다른 사람과 연결되어야 합니다. 다른 사람이 뛰어나서 문제를 속시원히 해결해 줄 수 있기 때문이 아닙니다.

친구와 이야기를 나누다 '어, 내가 왜 이 생각을 못했지? 이렇게 볼 수도 있었는데.' 하며 무릎을 친 경험이 있으실 거예요. 누군가 내 이야기를 들어주고, 함께 의논하다 보면 새로운 관점에서 문제를 보게 되고, 스스로 차분하게 정리되기도 합니다. 고개를 돌려 터널 밖에서 희미하게 깜빡이는 작은 희망의 빛을 볼 수 있게 됩니다.

죽음을 생각하는 분들의 말씀을 들어보면 '더 이상 방법이 없다, 절대로 바뀌지 않을 것이다, 도저히 빠져나올 수 없다.' 이런 얘기를 많이 하십니다. 그런 결론에 도달하기까지 얼마나 오랜 시간 괴로워하며 절망의 시간을 보내셨을까요. 너무 깊이 고민했기 때문에 다른 길이 없을 거라고 생각하게 됩니다.

오랜 고민 끝에 '이제 다른 방법이 없다.' 싶을 때가 다른 누군가가 필요한 시점입니다.

내 문제는 내가 제일 잘 안다는 생각은 옳습니다. 그러나 지금 필요한 것은 당신보다 더 당신을 잘 알거나, 훌륭한 사람이 아니라, 그냥 '다른 사람'입니다. 당신의 얘기를 그저 들어주고 아픔을 함께해 줄 사람입니다. (한림대학교 생사학연구소 양준석 연구원님의 생명존중 특강을 일부 참고했습니다.)

그건 지금의 아픔이 아닙니다
트라우마와 외상 후 성장

　L님은 몇 달 전 감당하기 힘든 소식을 접했습니다. 알고 지내던 후배가 스스로 목숨을 끊은 것입니다. 후배가 떠나기 며칠 전, 여럿이 점심 식사를 할 때도 별다른 낌새를 채지 못했습니다.

　그날 이후 L님은 어두운 곳이나, 밀폐된 공간에 갈 때마다 가슴이 심하게 뛰고, 식은땀이 나면서 공포가 밀려옵니다. 후배의 소식을 들었을 때 상황이 수시로 떠오르고, 밤이면 후배가 나타나 원망하는 꿈을 꿔서 잠을 푹 자지 못합니다. 시간이 지나면 희미해진다고, 괜찮아질 거라고 주변에서는 말합니다. 그러나 사건이 있은 지 두 달이 지났는데도 충격에서 벗어나지 못해 L님은 괴롭습니다.

　살아가며 때때로 예상치 못한 충격적인 일들을 경험하게 됩니다. 외부에서 일어난 사건으로 발생하는 심리적 외상을 '트라우마 (Trauma)'라고 합니다. 자연재해, 교통사고, 폭력 등의 참사를 겪었거나, 따돌림이나 학대 등의 경험에 의해 트라우마가 생깁니다. 신체적 충격뿐 아니라, 정서적 학대나 괴롭힘 등이 흔적을 남기기도 합니다. 가족이나 친구, 직장 동료 등 가까운 관계에서 일어나기도 합니다.

충격적인 사건을 경험한 후, 외상 장면이 반복적으로 떠오르거나, 이로 인해 불안과 공포, 무력감, 수면장애 등을 경험하며 일상생활에 어려움을 겪는 현상을 '외상 후 스트레스 장애 (PTSD. Post-traumatic stress disorder)'라고 부릅니다.

위험한 징후를 느끼면 우리 뇌는 위험에서 탈출하기에 적절한 몸의 상태를 만들도록 신호를 보냅니다. 위험에 대처하는 본능적인 반응으로, 경계 태세를 갖추고 스스로를 지키려고 하는 거죠.

외상을 경험한 사람의 뇌는 사건을 떠올리게 하는 아주 작은 맥락이나 단서만으로도 사건 당시처럼 활성화됩니다. L님의 경우처럼, 죽은 후배를 떠올리게 하는 어둡거나 좁은 공간, 차가운 공기, 희미하게 깜빡이는 조명 등을 접했을 때, 뇌가 자동으로 경보를 울리는 겁니다. 충격적인 사건을 경험한 뇌가 과잉 활성화된 상태로 평소처럼 원상 복귀되지 못하고 있는 겁니다.

외상을 경험한 후 어느 정도 시간이 지나면 이러한 반응이 서서히 사라지기도 합니다. 사건 당시를 떠올리게 하는 단서(냄새, 조명, 소리 등)가 위험한 것이 아님을 다시 경험하면서 외상을 극복하게 됩니다. '자라 보고 놀란 가슴 솥뚜껑 보고 놀란다'는 속담이 있습니다. '솥뚜껑=자라'라는 연합의 공식을 만들어낸 뇌가, 솥뚜껑을 멀리서 보고, 차츰 가까이 다가가 자세히 살펴보고, 만져도 보고, 물지 않는다는 것을 반복하여 경험하면서 오작동하던 경보를 해제하는 거죠. 시간이 흐르면서 자연스럽게 이러한 경험을 하기도 하고, 때로는 전문가의 도움을 받으면서 차츰 외상 충격으로부터 벗어나게 됩니다.

　'외상 후 스트레스 장애(PTSD)'는 비교적 널리 알려져 있지만, '외상 후 성장(Post-traumatic growth)'이라는 용어는 낯설지 모르겠습니다. 심각한 외상을 입은 후, 회복뿐 아니라 사건 이전보다 긍정적으로 변화하고 성장하는 현상에 주목하는 것입니다. 외상 후 성장을 경험한 사람들은 자신과 세상에 대해 재평가하게 됩니다. 사고를 극복하는 데서 나아가, 새로운 사명이나 삶의 의미를 발견하기도 하고, 다른 이들을 돕거나, 창조적인 일을 하고, 외상 경험 이전에는 스스로도 몰랐던 강한 힘을 깨닫기도 합니다.
　미국의 심리학자 테데스키(Richard Tedeschi)와 캘훈(Lawrence Calhoun)은 트라우마에 대한 연구를 하던 중, 사람들이 외상을 겪은 후 다음과 같은 긍정적인 경험을 할 수 있음을 발견했습니다. '내면의 힘 증가, 삶의 새로운 가능성에 대한 개방성, 친구나 가족과의 깊은 관계 형성, 삶에 대한 감사 증가, 영성 강화' 등입니다.

이들의 연구에 따르면 이러한 경험이 일어나기 위해서는 '지지적인 관계, 글쓰기나 그림 같은 표현 예술 활동, 새로운 경험에 대한 개방성과 창의성, 운동과 야외 활동, 비슷한 경험을 한 이들과의 교류, 신앙과 심리치료' 등이 도움이 된다고 합니다.

앞서 말씀드린 L님은 사건이 있기 전 누구보다 열심히 살아온 분이었습니다. 어려운 환경에서도 흔들리지 않기 위해 스스로를 늘 닦아세우고 긴장한 채 지냈습니다. 최근 업무가 과중해지고, 집안에도 힘든 일이 있었지만 늘 그렇듯 L님은 묵묵하게 받아들였습니다. 약해지면 안 된다고 자신을 다잡았습니다. 이미 피로가 쌓일 대로 쌓여 지쳐가는 걸 스스로도 알아차리지 못했습니다. 그런 상태에서 후배의 죽음이 결정적 일격을 가한 겁니다.

사람은 늘 강할 수만은 없습니다. 그런가 하면 때로 놀라운 힘을 발휘하기도 하는 존재입니다. 건강해 보이던 사람이 한순간에 무너지기도 하고, 끔찍한 경험 이후 오히려 성장과 변화를 겪는 경우도 있습니다.

살면서 어떤 일을 경험하게 될지는 아무도 모릅니다. 그래서 두렵기도 하지만, 삶이 우리를 어디로 데려갈지 또한 알 수 없는 일입니다. L님은 후배의 죽음을 애도하며 자신의 삶을 돌아보게 됐습니다. 그리고 자신에게 약간의 변화와 도움이 필요하다는 것을 깨달았습니다. 그동안 미처 보지 못한 것들, 하지 못했던 많은 일을 생각하게 됐습니다.

L님께 미국 드라마 〈키딩(Kidding)〉에서 알게 된 '킨츠키' 이야기를 해드리고 싶습니다. 극 중 일본판 피클스 아저씨를 연기했던 배우가 한 말입니다.

"킨츠키를 아세요? 특별한 물건을 깨뜨려서 그걸 다시 금으로 붙이는 예술 기법이죠. 당신의 흉터는 당신이 깨졌다는 걸 뜻하는 게 아니라, 치유되었다는 증거입니다."

3장

관계의 법칙 – 따로 또 같이 나아갑니다

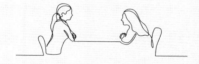

"가장 중요한 과제는
고독과 고립의 경계선을 잘 유지하는 것이다.
고독은 종종 다른 사람들과의 관계를 배경으로 두고 즐길 때
가장 흡족하고 가장 유익하다."

－『명랑한 은둔자』 중에서－

어쩌다 이 사람과 결혼했을까
부모와 배우자

　가족에 대해 물었을 때 가을님은 잠시 호흡을 멈추고 작게 한숨을 내쉬었습니다. 요즘 남편이랑 자꾸 싸우게 된다고 하셨습니다. 며칠 전에는 남편에게 회사 사람들에 대한 서운함을 털어놓았더니 '그 사람들 입장은 이럴 거다, 관점을 바꿔 생각해보라'는 등 잔소리를 늘어놓고, 정 힘들면 회사를 그만 다니라고까지 하는 바람에 큰 싸움이 되었다고 했습니다. 답답한 마음에 얘기 좀 하고 싶었을 뿐인데 매몰차게 잘라내는 느낌이 들어 가을님은 무안하고 서운했다고 하셨습니다.

　결혼 전 남편의 어떤 점이 좋았느냐는 질문에, 결혼 전에도 남편이 자상한 스타일은 아니었다고 하셨습니다. 말이 많지 않고 조금은 어렵게 느껴질 때도 있지만 은근히 배려해 주는 사람이었다

171

고 하셨죠. 누구에게나 잘해주는 사람보다 알고 보면 속정 깊은 남자라서 끌렸다고요. 들어보니 남편분은 다정하거나, 섬세한 감성의 소유자는 아니고, 감정을 많이 드러내거나 표현을 잘하는 스타일도 아닌 것 같습니다. 그러니 아내의 기분을 알아주고 편 들어주는, 며칠 전 가을님이 바랐던 그런 남자는 아닐 수 있겠네요.

결혼 전 가을님은 착한 남자에게 그다지 마음이 끌리지 않았다고 하셨죠. 좀 지루해 보이고 재미가 없었다고요. 한없이 친절하고 헌신적인 남자보다는 남편처럼 자기 주관이 뚜렷하고, 강해 보이는 남자에게 마음이 갔다고 했습니다.

우리가 사랑을 하고 배우자를 선택할 때 어떤 이유로 끌리는 걸까요? 여러 가지 요소가 있겠지만, 나의 부모와 가족이 어떤 분들이었나 살펴보는 것도 의미 있습니다.

어떤 여성은 자기 아버지를 꼭 닮은 사람을 선택합니다. 폭군 같은 아버지를 둔 딸이 절대 엄마처럼은 안 살겠다고 다짐했으면서도 아버지 같은 남자를 만나곤 합니다. 어찌 보면 우리가 익숙한 사람과 환경에 끌리는 것은 자연스러운 일입니다. 유익한 변화보다 고통스러운 친숙함을 선택하는 것은 상담 장면에서 흔히 목격되는 현상입니다.

어린 시절 충족되지 않은 결핍과 갈등을 다시 반복함으로써 이번에는 제대로 해결해 보고자 하는 무의식적 동기가 작용하기도 합니다. 예를 들어 절대 권력자였던 아버지에게 인정받고 싶었던 욕구가 가슴 깊이 남은 여성이 아버지와 비슷한 이성에게 사랑받고자 합니다. 아버지가 그렇게 무서웠는데 아버지 같은 남자를 선택하다니, 눈이 멀어도 그렇게 멀 수 있나 이상하지만 그런 일이 벌어집니다. 무의식의 힘입니다.

때론 정반대의 선택을 하기도 합니다. 아버지랑은 완전히 반대 성향인 사람을 선택하는 거죠. 그럼 행복해질까요? '아버지와 정반대'라는 점에만 마음이 쏠려 다른 측면을 균형 있게 보지 못할 수도 있습니다.

가을님의 아버지는 집안에서 목소리가 크고, 엄마를 무시하는 독재자였다고 했습니다. 철이 들면서 아버지가 너무 싫었고, 엄마는 항상 불쌍하면서도 답답한 사람이었다고 했습니다. 대체 왜 저러고 사나. 나는 엄마처럼 살지 말아야지 그런 생각을 많이 했다고 했습니다. 사랑받지 못하는 여자. 그런 엄마가 안타까웠고, '여자로서 나는 사랑받을 수 있을까' 엄마를 닮은 가을님도 어쩐지 자신이 없었다고 했습니다. 부모님의 부부 관계가 딸인 가을님에게 그림자를 남겼네요.

이성을 만나 사랑에 빠질 때는 매력적인 면만 보이기 쉽습니다. 사람의 성격은 동전의 양면 같아서, 강하고 주도적이어서 매력적이었던 면이 뒤집어 보면 무섭고 냉정하게 느껴질 수 있습니다.

배우자를 선택할 때는 지금 가을님이 원하는, 이야기를 잘 들어주고 항상 내 편에 서주는 남자라는 옵션은 그다지 중요하지 않았을지도 모릅니다. 그때는 남편의 지적인 면, 강하고 리더십이 있어 믿음직해 보이는 모습이 눈에 들어왔을 테고, 그게 가을님에게는 중요했던가 봅니다.

남편에게 아버지와 비슷한 면이 있다고 해서 아버지와 같은 사람은 당연히 아닙니다. 가을님이 어머니와 다른 것처럼요. 남편이 아버지와 비슷하게 느껴질 때, 가을님은 어머니와 다른 반응과 선택을 할 수 있습니다. 사람이 변하듯, 관계도 결혼 생활도 유기체처럼 반응하고 변할 수 있습니다. 엄마의 팔자를 닮지 않을 선택권은 가을님에게 있습니다.

좋은 엄마가 될 수 있을까
good enough mother

　내가 과연 좋은 엄마가 될 수 있을까, 그럴 자신이 없어 아이를 갖지 않는다고 가을님이 얘기하셨죠. 요즘 TV에서 방송되는 육아 프로그램을 즐겨보는데, 한 아이의 성격이 형성되는 데 엄마의 영향이 얼마나 중요한지 깨닫게 되고, 그럴수록 '엄마 자격'에 자신이 없어진다고요.

　극단적인 경우지만 뉴스에서 전해지는 아동 학대 사건들을 보면 준비 없이 부모가 되는 게 끔찍하기도 합니다. 농담 반 진담 반으로, 국가에서 부모 자격증 제도, 결혼 전 부모교육 의무화 제도를 만들어야 한다는 소리도 나옵니다.

　가을님의 어머니는 한결같이 헌신적인 엄마였다고 했습니다. 어릴 때 학교에서 돌아오면 늘 집에서 자식들을 맞아주셨고. 아침상에는 찰진 새 밥에 따뜻한 국을 올리셨다고요. 밤늦게까지 공부하는 자식들 곁에서 함께 잠을 설치며 간식을 챙겨주셨다고 하셨죠. 지금도 가을님 댁에 김치며 밑반찬이 떨어지지 않았나 신경 쓰시고, 딸 부부가 끼니를 거르지는 않는지 걱정하신다고 했습니다.

어릴 때 가을님은 우리 엄마는 완벽한 엄마라고 생각했다고 했습니다. 그런데 이상하게도 엄마 눈치를 많이 살폈다고요. 지금 와서 생각해 보면 엄마가 행복해 보이지는 않았다고 하셨습니다. 엄마는 가족들을 위해 늘 뭔가를 하느라 바쁘고 힘들어 보였다고요. 엄마의 사랑과 희생이 고맙긴 하지만, 한편으론 부담스럽고 피하고 싶은 때도 있다고 하셨습니다.

어떤 엄마인들 좋은 엄마가 되고 싶지 않을까요. 가을님의 어머님처럼 가족의 일상에 불편이 없도록 노심초사하며 살피고, 본인의 삶은 없을 정도로 희생해도 완벽한 엄마가 될 수 없습니다. 완벽한 엄마란 애초에 있을 수 없죠. 많은 엄마들이 그걸 알면서도 완벽한 엄마가 되려고 애를 씁니다.

요즘에는 엄마 역할이 어머님 세대보다 더욱 복잡해졌습니다. 육아 서적도 열심히 읽고, 방송에 나오는 전문가 선생님에게 야단맞는 심정으로 반성하며 공부합니다. 동네 엄마들도 부지런히 만나고, 맘 카페도 가입해서 정보 싸움에서 뒤지지 않아야 합니다.

키 크고 머리 좋은 아이로 키우려면 영양가 있는 음식은 물론, 적절한 시기에 보약이나 영양제도 챙겨 먹여야죠. 아이가 왕따가 되지 않게 친구들과 어울릴 기회를 마련해 주는 것도 엄마가 나섭니다. 이 정도면 어마어마한 에너지와 총체적 능력을 필요로 하는 일입니다. 자식 일이기 때문에 무엇 하나 놓칠 수가 없죠. 이 모든 걸 척척 해내지 못하면 좋은 엄마가 아닌 걸까요.

정신분석학자인 도널드 위니컷은 'good enough mother'라는 개념을 소개했습니다. '그만하면 괜찮은 엄마'라는 번역도 마음에 듭니다. 어쩐지 마음이 한결 가볍고 부담이 줄어드는 기분입니다.

위니컷이 얘기하는 좋은 엄마는 아이에게 무엇을 해주려고 하기보다 함께 있어주는 엄마입니다. 함께 있다고 해서 늘 붙어있는 것을 의미하는 건 아닙니다. 함께 있을 때, 아이가 주도하여 경험하고 놀 수 있도록 허용하고, 그 놀이에 참여하며 교감합니다. 아이가 느끼는 다양한 감정을 읽어주고, 이해할 수 있도록 되돌려줍니다. 아이가 부정적인 감정을 느끼거나 공격성을 보일 때는 압도되지 않고 든든하게 버텨줍니다. 그리고 이러한 과정을 완벽하게 해내는 것이 아니라 때로 적절한 좌절을 제공하기도 합니다(자연스러운 일이죠).

엄마들도 자기 자식보다는 할머니가 되어 손주를 볼 때 '이만하면 괜찮은 엄마(good enough mother)'의 모습에 가까워지기도 합니다. 내 자식을 키울 때는 경험도 부족하고, 잘해야 한다는 책임감이 너무 큽니다. 나도 모르게 완벽한 엄마가 되려고, 무언가를 자꾸 하려고 애쓰다 정작 중요한 걸 놓쳐 버립니다.

저도 조카가 태어났을 때 참 예뻤던 기억이 납니다. 동생이 출근하면 친정에 와 있는 조카랑 놀아줄 때가 있었는데요. 조카가 집주인이 되고 제가 손님으로 초대되어 끝없이 가짜 초인종을 누르며 문밖에서 기다리거나(우리는 띵똥 놀이라고 불렀습니다), 환자가 되어 의사 선생님인 조카의 진찰을 받으며 숱하게 엉덩이 주사를 맞았습니다. 조카가 하는 말들이 귀엽고, 웃기기도 해서 깔깔거리며 놀았죠. 둘이 조화롭게 놀이에 몰입할 때는 정말로 재미가 있었습니다! 제가 놀이를 즐길 때 조카도 놀이에 흠뻑 빠져 있었습니다.

조카보다 7년 먼저 태어난 제 아이와는 그렇게 잘 놀았었나 모르겠습니다. 정신없이 바쁘고 여유가 없을 때이기도 했고, 집안에 아이가 처음인지라 모든 게 서툴렀습니다. 상담 공부를 하기 전이라 무지한 엄마이기도 했습니다. 아이와 놀기보다는 자꾸 뭔가를 해야 한다고 생각했습니다. 아이의 마음을 따라가기보다 내가 가르치려 하고, 앞서 끌고 가고자 하는 마음이 컸던 것 같습니다.

위니컷의 개념에 제 경험을 버무려 생각해 봅니다. 무엇을 해주려는 마음이 넘칠 때 아이의 마음에 공명할 수가 없습니다. 뭔가를 가르치려는 욕심이 커지면 아이의 성장을 앞질러 가게 됩니다. 억지로 끌려가는 아이는 재미가 없고 저항합니다. 아이의 경험에 엄마의 두려움을 덧씌워 돌려주니 아이는 지레 세상이 무섭고 위험해 보입니다.

가만히 아이를 바라보고, 아이가 하는 말을 듣고, 아이의 세계에 초대받으면 마음을 느낄 수 있습니다. 잘해야 한다는 강박관념에서 벗어나 여유로운 마음으로 아이의 세계에 참여하면 됩니다. 필요한 건 아이를 관찰하고, 함께하는 순간에 집중하는 태도입니다. 이게 잘 안 된다면 엄마의 마음이나 여건이 편안하지 못하다는 뜻일지 모릅니다.

아이를 따라가면 그 빛나는 예쁨을 발견하게 됩니다. 아이를 충분히 즐길 수 있다면, '그만하면 충분히 괜찮은 엄마'가 아닐까 생각해 봅니다.

내가 아는 나, 남이 보는 나
자기 이해와 자기 개방

최근 직장에서 가까워진 동료 한 분이 가을님께 '처음엔 잘 몰랐는데, 알고 볼수록 재미있는 사람'이라고 하셨다고요. 모임을 하던 자리라 자세히 듣지 못했는데, 무슨 얘기인지 다음에 자세히 물어봐야겠다고 하셨지요. 그러게요, 어떤 의미였을까 저도 궁금해집니다.

내가 어떤 사람인지, 또 친구가, 가족이 어떤 사람인지 우리는 얼마나 알고 있을까요. 때로 내가 잘 알지 못했던 어떤 면을 주변 사람들을 통해 알게 됩니다. 그런가 하면 아무리 가까운 사람도, 나 자신에 대해서조차 알기 힘든 점이 있기도 합니다.

40대 여성인 M님은 직장생활뿐 아니라 소모임과 종교 활동에도 적극적이고, 짬이 날 때마다 봉사활동도 하며 바쁘게 지냅니다. 지인들은 M님이 밝고 씩씩한 성격이지만 어쩐지 가까워지기 어렵다고 합니다. M님이 속 얘기를 거의 하지 않고, 식사 자리나 사적인 만남에는 잘 참여하지 않기 때문입니다. 누구 하고나 잘 어울리는 것 같지만, M님에 대해 잘 알거나 친하다고 느끼는 친구는 많지 않습니다.

30대 남성인 N님은 스스로 솔직하고 유쾌한 사람이라고 생각합니다. 분위기를 즐겁게 띄우려고 농담도 많이 하고, 사람들을 편안하게 대하려고 합니다. 그런데 함께 일하는 동료들은 N님이 눈치가 없다고 생각합니다. 분위기에 상관없이 자기 하고 싶은 얘기만 길게 하기도 하고, 자기 자랑을 많이 한다고 생각합니다. 동료들은 N님이 늘 주인공이 되려고만 하지 말고, 다른 사람 말에도 귀를 기울였으면 좋겠다고 합니다.

대인관계가 어렵다고 느끼는 분들이 많습니다. 센스도 있어야 하고, 말도 통해야 하고, 유머 감각도 필요하고, 적절히 자기 개방도 해야 하고, 그게 또 지나치면 안 되고… 대체 어느 정도가 적절한 건지, 눈치라는 건 또 어떻게 해야 생기는지. 그 감을 잡기가 쉽지 않고 막막하게 느껴지기도 합니다.

〈조해리의 창〉이라는 그림을 본 적이 있으세요? 심리학자 조셉 러프트(Joseph Luft)와 해리 잉햄(Harry Ingham)의 이름을 따서 '조-해리'입니다. 이 그림은 나와 다른 사람들과의 관계 속에서 스스로를 이해해 볼 수 있는 틀입니다.

	자신이 아는 부분	자신이 모르는 부분
타인에게 알려진 부분	공개된 영역 (open area)	눈먼 영역 (blind area)
타인에게 알려지지 않은 부분	숨겨진 영역 (hidden area)	미지의 영역 (unknown area)

첫 번째 영역은 나도 알고 남도 아는 '공개된 영역(Open Area)', 두 번째는 나는 모르는데 남들은 알고 있는 '눈먼 영역(Blind Area)', 세 번째는 나는 알지만 남들은 모르는 '숨겨진 영역(Hidden Area)', 네 번째는 나도 모르고 남들도 모르는 '미지의 영역(Unknown Area)'입니다.

M님의 경우는 '숨겨진 영역'이 많은 분입니다. 겉으로는 밝고 씩씩해 보이지만 남들에게 드러내지 않는 것이 많습니다. 조금은 조심스럽고 신중한 분일 수 있습니다. 나에 대해 많이 알면 좋게 보지 않을 거라고 생각할 수도 있습니다. 알고 지낸 시간이 오래되고 자주 만나다 보면 속마음도 털어놓으며 친해지는데, 사람들은 M님에게 벽이 느껴지고 가까이 다가갈 수 없다고 느낍니다.

N님은 '눈먼 영역'이 클지 모르겠습니다. 자신감 있고 유쾌하다는 평가를 받기도 하지만, 자기중심적으로 분위기를 이끌려는 성향이 강해 불편하게 느끼는 이들도 있습니다. N님은 이러한 사실을 잘 모릅니다. 본인이 전혀 알아차리지 못하는데 다른 사람

이 이런 얘기를 해주기는 쉽지 않습니다.

우리는 모두 이 네 가지 영역을 골고루 갖고 있습니다. 어떤 영역이 크고 작은 지는 사람마다 차이가 있습니다. 네 번째 '미지의 영역'도 있습니다. 나도 잘 모르고 남들도 알아차리기 어렵지만, 알게 모르게 영향을 줍니다. 프로이트는 우리가 의식하는 부분은 수면 위로 올라온 빙산의 일각일 뿐, 거대한 무의식이 수면 밑에 가라앉아 있다고 보았습니다.

무의식은 나도 미처 모르는 사이에 내 행동과 선택에 영향을 미칩니다. 늘 후회하면서도 폭식을 하게 만들기도 하고, 어떤 사람에게 끌리거나 괜히 싫어하게 하기도 합니다. 농담이나 실수, 꿈 등으로 표현되기도 합니다. 무의식의 영역에 가라앉아 있는 것들을 의식화하여 많이 깨달을수록 우리는 자신을 잘 이해하고, 다른 사람들과의 관계도 자연스러워집니다.

내가 생각하는 나에 대해 5가지 정도 적어보고, 주변 사람들의 나에 대한 생각 5가지를 알려달라고 해서 비교해 보시겠어요? 일치하는 부분이 얼마나 있는지, 남들은 잘 모르는 내가 있는지, 또 나는 모르는 내 모습을 주변 사람들은 알고 있는지 살펴보면 재미있을 거예요.

대인관계가 편하다는 건 '나도 알고, 남들도 아는 개방된 영역'이 커질 때 가능하다고 조해리 창 이론에서는 말합니다. 이렇게 얘기하면 참 간단해 보이는데, 어떻게 이 영역을 키워갈 수 있을까요.

한 가지 분명한 건 대인관계 능력은 혼자서 키우기 어렵다는 것입니다. 힘들어도 누군가와 만나고, 나를 조금씩 드러내고, 피드백을 받아보고, 그 과정에서 때로는 상처도 받으면서 훈련되는 기술입니다.

거부당하거나 갈등이 생길까 봐 두렵고 막막하게 느껴질 수도 있습니다. 큰 상처를 받았던 경험이 있다면 더욱 엄두가 나지 않을 거예요. 그럴 때는 혼자서 앓지 말고 의지할 만한 분과 의논해 보셨으면 좋겠습니다. 전문가에게 상담을 받아 보시는 것도 추천드립니다. 상담은 기본적으로 '만남' 속에서 이루어지는 과정입니다. 안전한 환경에서 새로운 관계를 경험하고 연습해 보는 좋은 기회가 될 겁니다.

우리는 모두 어려움을 겪을 때 누군가가 필요합니다. 때로 혼자서는 보지 못했던 '눈먼 영역'을 발견해 당황할 수도 있습니다. 그런가 하면 수치심 때문에 보여주지 못했던 '숨겨진 영역'이 드러나도 큰 문제가 되지 않음을 경험할 수도 있습니다.

일단 당신이 할 일은 함께할 그 누군가를 찾아보는 일입니다. 큰맘 먹고 손 내밀어 봤는데 상처를 받거나 도움이 되지 않아 실망할 수도 있습니다. 헬스 트레이너나 미용사도 나에게 맞는 사람이 있고 안 맞는 사람이 있는 게 당연합니다. 다시 한번 힘을 내서 새로운 사람, 다른 기회를 찾아보세요. 한 번 시작된 좋은 관계의 경험은 다른 관계로 확장되기 마련입니다.

바람이 드나들 만큼의 거리
고독과 밀착 사이

집콕을 좋아하고, 싱글라이프에 익숙한 사람들이 늘어가고 있습니다. 혼밥과 혼술, 혼방 등 매체를 통해 전해지는 '혼자'라는 말은 더 이상 칙칙하거나 부정적이지만은 않습니다. 혼자서도 밥 잘해 먹고, 취미 생활도 즐기는 연예인들이 등장하는 〈나 혼자 산다〉라는 TV 프로그램이 있습니다. 혼자서 곱창에 맥주를 먹고, 운동도 열심히 하고, 셀프 인테리어에 도전하는 연예인들을 바라보고 있노라면, 나도 혼자 한 번 살아봤으면 하는 생각까지 들며 우아한 싱글라이프의 로망을 꿈꾸게 됩니다.

『명랑한 은둔자』의 저자 캐럴라인 냅에 따르면 그건 '고립'과 '고독'을 혼동한 결과에 따른 착각일 수 있습니다. 집에서도, 직장에서도 늘 누군가를 만나는 사람이 갈망하는 건 싱글라이프라기보다 '가끔 허락되는 고독'일 겁니다.

　　은둔형 외톨이. 이 말이 주는 어감은 무겁고 불편합니다. 관계 맺는 일에 서툴고, 세상에 나가기를 두려워하는 상처 받은 마음이 떠오릅니다. 여기에 따라붙는 이미지는 우아하거나 선망의 느낌을 불러일으키지 않습니다. 사실 혼밥, 혼술이라는 말이 예쁘게 포장되어 소비되기 전까지 '혼자'라는 말은 그렇게 매력적이지 않았습니다.

"혼자 있다는 것, 그 모든 다양한 형태는 연습이 필요한 기술이다. 고독은 어려운 일이다. 자신을 돌볼 의욕이 있어야 하고, 자신을 달래고 즐겁게 하는 능력이 있어야 한다. 사교적인 생활을 가꾸는 것도 역시 어려운 일이다. 위험을 감수해야 하고, 기꺼이 취약해질 줄 알아야 한다… 가장 중요한 과제는 고독과 고립의 경계선을 잘 유지하는 것이다. 실제로 그 둘은 종이 한 장 차이다. 사회적 기술은 근육과도 같아서 위축될 수 있고, 내가 경험한 바로도 육체적 건강을 유지하는 것처럼 사람과의 접촉을 유지하려고 애쓸 필요가 있다… 고독은 종종 다른 사람들과의 관계를 배경으로 두고 즐길 때 가장 흡족하고 가장 유익하다."

–『명랑한 은둔자』 중에서–

'혼자'와 '같이' 사이에는 조화가 필요합니다. 그리고 그 사이에서 균형을 잡는 것은 수많은 시행착오와 훈련을 거듭한 끝에 습득되는 미묘한 기술입니다.

코로나로 인해 반강제로 접촉을 차단당한 이 상황은 취약한 사람들을 더욱 취약하게 만들었습니다. 경제적으로 어려운 사람들을 곤경에 빠뜨린 것은 물론이고, 외로운 사람들을 더욱 고립되게 했습니다. 때로는 세상에 나가지 않을 핑계가 되어주기도 합니다. 나가려 해도 나갈 수도, 나갈 데도 없습니다. 어렵게 쌓아온 관계 맺기의 기술조차 퇴화될 지경입니다.

한창 친구와 어울리며 사회성을 길러야 할 아이들이 집에서 혼자 수업을 듣다가 유튜브를 보며 혼밥을 먹습니다. 비대면 수업이 시작될 때 저항이 심했던 대학생들도 비대면의 편리에 적응해버린 모양입니다. 조별 활동과 학과 소모임, 동아리 등을 통한 만남이 대학생활의 중요한 특권인데, 대면 수업을 앞두고 이제는 비대면 수업을 원하는 학생들이 많다고 합니다. '나 혼자 대학생활'에 과잉 적응해버린 게 아닌가 싶습니다.

재미있는 건 남이 혼자 지내는 모습을 시청하는 유행입니다. 방송을 통해 혼자 밥 먹고 노는 것을 구경하고, 몇 시간이고 책상에 앉아 공부하는 모습을 지켜보며 동기부여를 합니다. 심지어 주야장천 잠만 자는 장면을 틀어놓고 바라보기도 합니다. 만나서 함께하는 건 불편하지만, 그렇다고 완전히 혼자 있는 느낌은 피하고 싶은 마음이 짠하게 느껴집니다.

은둔자도 적당히 사람들과 연결되어 있어야 명랑하고, 관계 맺기를 좋아하는 사람도 혼자를 즐길 줄 알아야 성숙합니다. 이런 기술을 연마할 자유와 기회조차 박탈되고 보니 더더욱 절실합니다.

사람 사이에는 바람이 들고 날 만큼의 거리가 필요하다는 얘기가 있습니다. 찰싹 달라붙어 숨이 턱 막히는 밀착된 관계도, 휑하니 텅 빈 거리 같은 적막한 삶도 아닌 시원한 바람이 드나드는 거리. 혼자가 익숙해진 지금 다시 대면 생활 모드로 전환할 때는 또다시 약간의 혼란과 적응이 필요할지 모르겠습니다. 부대끼고 불편하면서 나에게 필요한 적당한 거리를 찾게 되겠죠.

어떤 사람이고 싶은가요
착한 여자 미련

　가을님은 가끔 제게 물어보시곤 합니다. '제가 못된 걸까요? 너무 이기적인 걸까요?' 가족들과 의견 충돌이 있었을 때, 또 친구나 동료들과 불편한 일이 생겼을 때 그런 질문을 하십니다. '내가 괜히 분위기를 불편하게 만든 게 아닐까, 그냥 좀 참을 걸 그랬나 보다'고 덧붙이시곤 합니다.

　제 얘기를 들려드릴게요. 어릴 때 저는 참 착했다고 합니다. 가족들한테 들은 얘기입니다. 참 순하고 착했다고. 얌전히 놀고 있어라 하면 조용히 잘 놀고, 심부름을 시키면 잘하고, 부모님 말씀을 잘 듣고 따르는 아이였습니다. 사촌언니 한 분은 만날 때마다 '애는 참 착했어, 아이스크림을 먹다가도 동생이 먼저 다 먹고 바꿔달라고 하니까 바꿔주더라'는 얘기를 전설처럼 들려주었습니다. 아무튼 저는 그렇게 착하고 양보를 잘하는 아이였습니다.

그러다 크면서 가족들 말에 따르면 좀 못돼지고 독해졌습니다. 그럴 때마다 '어릴 땐 참 착했는데…'라는 말이 따라붙습니다. 처음엔 그런 말을 듣는 게 당황스러워서 '내가 진짜 못돼졌나? 변했나? 들켰나?' 방어하느라 쩔쩔매며 더 묻지 못했던 것 같습니다.

지금 와서 생각해 보면 왜 그렇게 착했을까 싶습니다. 착하다는 게 뭘까, 기질이 좀 순한 애였을까, 겁이 많은 애였을까, 눈치가 빠른 애였을까, 솔직하지 못했을까.

제가 좀 변한 건 사춘기와 함께 시작되었던 것 같습니다. '내 인생은 나의 것'을 외치며 내 의견을 주장하는 횟수도 빈번해졌고, 내 욕구에 더욱 충실해지기 시작했습니다. 대들고, 말 안 듣고, (숨어서 몰래) 딴짓하고. 부모님의 권위에 도전하고, 심리적으로 분리되기 시작하는 사춘기 과업에 충실했던 거죠.

성인이 되고 직장 생활을 하면서 제 변화는 더욱 가속화됐습니다. 이제 부모님은 모르시는 넓은 세상을 경험하고 있다고 믿었고, 부모님 말씀만 따르기엔 너무 아는 게 많아졌다고 생각했습니다.

그렇게 착한 성격이 수그러드는 듯했으나, 저의 '착함'은 또 다른 차원에서 다시 활성화되고 있었습니다. 이성 관계에서였습니다. 돌아보면 연애를 할 때 저는 착하다 못해 살짝 바보에 가까웠습니다. 상대에게 대체로 맞추고자 했고, 눈치 보고, 싸울 때도 조선의 여인처럼 참고 기다리는 편이었습니다.

그러나 시간이 오래 흐르면서 본성은 드러날 수밖에요. 결혼 생활을 하면서 본모습을 감출 수는 없었습니다. 크고 작은 일로 나의 못된 성질과 이기심이 드러나기 시작했고, 그건 감추려 해봤자 감출 수 없고, 참으려고 애써봤자 터져 나오고 마는 본색이었습니다. 그렇게 싸우다 보면 남편이 종종 말했습니다. '착한 줄 알았는데 알고 보니 그렇지도 않다.'

처음에 그 말을 들었을 땐 저도 실망스러웠습니다. 내가 착하지 않은 걸 결국 들킨 건가 싶어 당황했고, 억울하고 서운하기도 했습니다. 착하다는 건 여전히 제게 칭찬이었고, 어떻게든 착함을 지키고 우겨보려고 포기하지 않았던 거죠.

결혼 10년쯤이 돼서야 저는 착함을 내려놓았습니다. 그냥 포기했습니다. 착한 척하느라 화병 나겠다는 깨달음이 왔습니다. 남편에게 목청껏 소리쳤습니다. 앞으로 다시는 나한테 착하다고 말하지 말라고, 나 안 착하다고, 나도 내가 착한 줄 알았는데 아니더라고, 앞으로는 나도 이기적인 사람 할 테니까 다시는 나한테 착하다고 말하지 말라고.

아마 저는 착했다기보다 사랑받고 싶었던 것 같습니다. 가까운 사람, 소중한 사람에게 이쁨 받고 칭찬받고 싶은 마음을 눈치껏 상대에게 맞추어 행동하면서 보상받았었나 싶습니다.

착하기만 한 사람이 어디 있고, 못돼 봤자 또 얼마나 못됐을까요. 사람은 누구나 어느 정도 자기중심으로 생각하고, 이기적인 면이 있는 게 당연하지 않을까요. 남에게 정말 너그럽고 관대하려면 먼저 스스로에게 자비로울 수 있어야 합니다. 내 마음이 충족되고 여유로울 때, 다른 사람의 마음도 살피고 헤아릴 수 있습니다.

이제 착한 척 안 해도 되니 한결 시원하고 편합니다. '당신은 어떤 사람'이라는 말을 들을 때면 마음속에서 경보가 울리며 스스로 경계합니다. 그 말에 얽매여 우쭐할 필요도, 반대로 실망할 필요도 없습니다. 다른 사람의 기대에 부응하려고 너무 애쓰지 마세요. 그 기대는 알고 보면 내가 만들어 놓고, 내가 걸려 넘어지는 덫일지 모릅니다.

관계를 회복하는 다정한 손길
마음을 나누기

어제는 엄마가 좋아하시는 모카빵을 사들고 친정에 잠시 다녀왔습니다. 가까운 거리에 계시니 가끔 간식을 사들고 가서 엄마랑 수다를 떱니다. 웬일로 엄마가 고급스러운 수입 커피잔 세트를 꺼내 오십니다. 아깝다며 20여 년을 찬장에만 모셔 두었던 잔입니다. 동생이 줄 서서 사 왔다는 맛있는 원두로 핸드드립 커피도 내려 주십니다. 어쩐지 손님 대접해주시는 느낌입니다. 워낙 외출도 많이 안 하시는 데다, 코로나로 사람 구경하기도 힘든 요즘 딸이 반가우셨나 봅니다.

뭔가 하나에 몰두하면 마음을 쏙 뺏겨 다른 일에는 다소 소홀해지는 경향이 제겐 있습니다. 그런 제가 멀티태스킹을 요구하는 주부의 역할에 유연하게 적응하는 데는 시간이 좀 걸렸던 것 같습니다.

아이가 어렸을 때는 늘 정신없이 쫓기듯 생활했습니다. 여느 워킹맘처럼 아침에 눈 떠서 밤에 아이가 잠들 때까지 하루가 어떻게 지나가는지 늘 허둥대던 시절이었습니다. 친정 엄마의 도움을 받으며 허투루 시간을 보내지 않고 어떻게든 빨리 일을 마치려고 애썼고, 어떤 날은 재택근무를 하기도 했습니다. 밥 먹을 때 잠깐, 쉬는 시간에 잠깐이라도 아이랑 놀아줄 수 있으리라는 생각이었습니다. 그러나 아이 옆에서 일하는 건 썩 좋은 생각이 아니었던 것 같습니다. 엄마가 집에 있으니 아이는 자꾸 다가와 말을 붙이고 놀자고 하는데, 집중하는 데 방해를 받으니 성가시게 느껴졌던 저는 짜증을 내곤 했습니다. '이것만 끝내고, 할머니한테 가 있어' 하며 밀어내던 엄마 손길에 풀 죽었던 아이의 표정이 생각납니다

상담 공부를 시작하기 전에 아이의 어린 시절을 그렇게 멋모르고 보낸 것이 제게는 가장 후회되는 일입니다. 그때 아이와 더 좋은 시간을 보내지 못한 것, 함께 있는 시간만큼은 온전히 아이와 함께 즐기지 못한 것이 너무도 아쉽습니다.

몇 년 전 주상복합 건물에 잠시 세를 들어 살았던 적이 있습니다. 편의 시설이 잘 갖추어진 좋은 집이었지만, 한 가지 흠이라면 햇볕을 너무 정통으로 받아 5월부터 온실처럼 더워진다는 것이었습니다. 여름이 되면 이른 아침부터 하루 종일 에어컨을 틀지

않고는 견딜 방도가 없었고, 냉방비가 부담스러워 주로 방에 에어컨을 켜고 들어가 있곤 했습니다.

그런데 어느 날 아침 일찍부터 드르륵드르륵 거리는 소리에 잠을 깼습니다. 무슨 소리인가 나가보니 폭염으로 뜨거운 열기가 훅 끼쳐오는 거실에서 남편이 커피 원두를 갈고 있었습니다. 이마에서 땀이 뚝뚝 떨어지는데 뭐하냐고 물었더니, 커피를 내려 냉장고에 넣어두고 출근하면 제가 맛있는 아이스커피를 먹을 수 있을 거라고 했습니다. 그때 저는 사랑받고 있다고 느꼈습니다.

이렇게 보면 남편이 참 자상한 성격인 것 같지만 그렇지만도 않습니다. 생일이나 결혼기념일 선물 같은 것도 준비할 줄 몰라서, 매번 선물은 제가 원하는 걸 셀프로 구매하고 남편에겐 결재하는 기쁨을 주는 편입니다. 그런 남편이 복더위에 땀방울을 섞어가며 만든 커피여서 그런지 지금도 그 집을 떠올리면 남편의 핸드드립 커피가 생각납니다.

가을님이 요즘 남편과의 관계가 소원해진 것 같다고 걱정하셨던 게 생각납니다. 두 분이 함께 계시는 저녁에는 시간을 어떻게 보내실까요. 출퇴근을 할 때는 눈 맞추며 인사를 나누실지, 함께 앉아 식사를 하시는지, 주말이면 손잡고 산책이라도 하시는지 궁금합니다.

두 분이 거리감을 느끼게 된 이유가 뭔지, 어디서부터 꼬이기 시작했는지 여러 가지 떠오르는 일들이 있으실 거예요. 그러나 두 분 모두 원하시는 건 아마도 친밀하고 따뜻한 관계를 회복하는 것이겠죠.

돌아보면 저도 결혼해서 남편과 많이 다퉜습니다. 남편과의 관계가 편안해질 때까지는 의식적인 노력이 필요했습니다. 미운 놈 떡 하나 더 준다는 옛말이 진리더군요. 뒤통수만 봐도 얄미울 때 머리를 가만히 쓰다듬어 보기도 하고, 출근할 때 말 한마디라도 더 걸고, 괜히 옷에 먼지도 툭툭 털어주곤 했습니다. 누가 먼저면 어떻습니까. 한 번 더 바라보니 점점 이뻐지고, 이쁨을 받으면 어긋난 마음도 서서히 풀어집니다.

제가 아는 지인은 매달 마지막 주 금요일을 부부의 날로 정했다고 합니다. 아무리 바빠도 한 달에 한 번은 시간을 내서 데이트를 한답니다. 분위기 좋은 데서 맥주라도 한잔 하다 보면, 집에서와는 다른 얘기도 나누게 되고, 몰랐던 속내도 알게 될 때가 있다고 합니다.

관계의 개선을 위해 문제의 원인을 찾아보고, 서로의 마음을 헤아리고, 꼬인 매듭을 하나씩 풀어가는 노력도 필요합니다. 그러나 한 편으론 그냥 빈말이라도 따뜻한 말 한마디, 다정한 손길 한 번 건네 보세요. 마음이 조금씩 따라 움직입니다.

마음이 오가는데 그리 긴 시간이 필요한 건 아닙니다. 마주 앉아 밥 먹는 30분, 동네 산책이라도 하며 이런저런 수다를 떠는

1시간이면 충분합니다. 정신없이 지나가는 시간 중에 틈을 내는 마음이 필요합니다.

저도 연로하신 엄마랑 커피 마시는 시간에 인색하지 말자 싶습니다. 시간은 속절없이 흐르고, 나중에 돌아보면 후회되는 일도, 참 잘했구나 대견한 일도 아주 작은 것에서 시작되더라고요.

〈올가미〉와 〈베이츠 모텔〉,『아들과 연인』
결혼과 삼각관계

    〈올가미〉라는 영화를 아시나요? 90년대 영화니까 모르시는 분이 많을 것 같은데요, 아들에 대한 시어머니의 집착이 공포 수준으로 그려진 영화입니다. 실제로 영화의 장르가 스릴러물입니다. 아들과 친밀하다 못해 연인 같은 눈빛을 수시로 발사하는 시어머니가 장성한 아들의 목욕을 씻겨주는 경악스러운 장면을 연출하기도 합니다. 아들 앞에선 한없이 우아하고 다정하다가도 아들만 없으면 돌변해 며느리를 괴롭히고 고문에 살해까지 시도하는 패악을 부리고요. 당시 한국 영화에선 파격적인 소재로 화제가 되었고, 이후로도 오랫동안 시어머니 집착의 대명사로 명성을 유지한 영화입니다.

    아들만 돌아서면 태도가 달라지고, 아들 앞에서는 그렇게 아픈 척을 한다, 둘이 전화 통화를 너무 많이 해서 짜증난다… 정도 차이는 있지만, 영화가 아닌 현실에서도 집착하는 엄마와 효자 아들의 사연은 어렵지 않게 접할 수 있습니다.

오래전 알던 지인의 사연을 전해 들은 적이 있는데요. 결혼 전에는 우아하고 따뜻한 줄만 알았던 시어머니가 결혼 후 보인 모습은 어이가 없었다고 합니다. 신혼집에 수시로 드나들며 시어머니 방을 만들고 침대도 들여놓는가 하면, 결혼 앨범에 왜 처가 식구 사진이 시댁보다 앞쪽에 배치되었냐는 등의 문제로 며느리를 혼내곤 했답니다. 멀쩡하게 밥 잘 먹고 쇼핑을 다니다가도 아들만 보면 오구구 신음을 하며 드러눕는데, 며느리 입장에선 시어머니가 그렇게 가증스러울 수가 없었고, 남편이 답답하고 서운하기만 했다네요.

올가미 수준의 시어머니가 은근히 많았던 시절이었고, 그 친구는 결국 이혼한 걸로 알고 있습니다.

『채털리 부인의 사랑』으로 유명한 데이비드 허버트 로렌스의 『아들과 연인』이라는 작품이 있습니다. 이 책을 읽고 '어머, 이건 가족상담 부교재로 써야 해!…' 하며 감탄했습니다. 불행한 결혼 생활을 하는 어머니가 어떻게 아들에게 집착하는지, 또 그런 사랑에 길들여진 아들이 어머니에게서 벗어날 수도, 누군가를 사랑할 수도 없게 되는지 섬세하게 그려져 있습니다.

"폴의 첫사랑은 어머니였다. 어머니가 죽을 때까지 폴은 다른 여자와 사랑을 이루지 못했다. 어머니는 죽어가면서까지 아들의 사랑을 움켜쥐었다 … 이 세상에 비현실성으로 녹지 않고 탄탄한 곳이 한군데 있었다. 그곳은 그의 어머니가 있는 곳이었다. 다른 사람들은 모두 그에게 그림자처럼, 거의 존재하지 않을 수 있었지만 그녀는 그럴 수 없었다. 그의 어머니는 그의 삶의 축과 기둥 같아서 그는 거기로부터 벗어날 수 없었다."

– 『아들과 연인』 중에서–

불행한 어머니와 아들의 밀착이 만든 비극적인 드라마로 〈베이츠 모텔〉도 있습니다. 알프레드 히치콕의 영화 〈사이코〉는 아마 다들 아실 거예요. 샤워 신 살인 장면으로 유명한 고전인데요, 〈베이츠 모텔〉은 〈사이코〉의 프리퀄로, 주인공 노먼이 살인마가 되기 전까지의 이야기를 그리고 있습니다.

남편의 폭력으로 불행한 결혼 생활을 했던 노마 베이츠는 남편의 사망 후 어린 아들과 함께 집을 떠나 모텔을 운영하게 됩니다. 불행한 유년기와 결혼 생활을 경험한 노마에게 남은 건 오로지 아들 노먼뿐인데요. 척박한 세상에서 단둘이 살아가야 하는 모자는 서로를 돌보고 의지하며 세상으로부터 보호하고자 합니다. 노마의 집착과 과잉보호는 아들 노먼을 세상에 적응할 수 없게 만들고, 어머니를 끔찍이 사랑하지만 증오하기도 하는 노먼은 자신의 욕망을 스스로 허용하고 통합하지 못한 채, 심각한 해리 증상을 보이며 살인을 저지르게 됩니다.

〈베이츠 모텔〉은 모자의 밀착된 관계에서 시작된 비극을 통찰력 있게 그려냈습니다. 주인공 모자로 분한 프레디 하이모어와 베라 파미가가 어찌나 생생하고 탁월하게 캐릭터를 살려냈는지, 스릴러물을 보다가 눈물을 펑펑 쏟았습니다. 서로에게 의지하며 열심히 살아내고자 고군분투했건만, 고통과 불행에서 벗어나지 못한 모자의 삶이 어찌나 마음 아프던지요.

가을님 부부가 부모님들께 느끼는 갈등은 독립된 가정을 꾸리는 과정에서 느끼는 감정이 아닐까 싶습니다. 가을님 부부가 이기적이라서가 아니고요. 부모님도, 가을님 부부도 아직 서로의 독립에 적응되지 않은 게 아닐까요. 30년이 넘도록 부모 자식으로 함께 한 시간과 에너지를 거둬들여 새로운 관계에 적응하는 기간이랄까요. 이제 서로에게 조금씩 서운함도 느끼면서 거리가 생기는 걸 받아들이게 될 겁니다. 제가 듣기로 가을님 부부가 부모님께 그토록 불효하는 것 같진 않습니다. 부모님 기대에 충분하지는 않을 수는 있지만, 부모님이 조금 실망하시는 것을 너무 두려워할 필요도 없을 것 같습니다.

간혹 사춘기를 모르고 지나온 분들을 봅니다. 부모님이 사춘기 반항을 자연스럽게 받아들이고 적절히 대처해준 경우라면 다행입니다. 그러나 아무리 부모가 성숙해도 사춘기에 조금의 갈등도 없이 지나기란 쉽지 않습니다. 자라며 부모님과 마찰이 전혀 없었고 불만이라곤 통 몰랐다면, 나이가 들어서도 여전히 부모님 뜻을 거스르지 않는 착한 아들딸일 가능성이 큽니다.

가족 관계가 아무리 좋아도 성인이 되면 부모님과도 적당한 거리가 필요합니다. 성인이 되고 독립을 했는데도 지나친 효자 효녀라면, 독립하는 데 죄책감을 느낀다면, 오히려 부모 자녀 관계가 건강하지 않을 가능성이 있습니다. 사춘기란 아이가 자라 부모로부터 분리되고자 하는 과정에서 겪는 자연스러운 과도기입니다. 자녀를 어릴 때처럼 곁에 붙들고 싶은 부모의 집착은 자식의 독립과 행복에 걸림돌이 됩니다. 부모도 독립이 필요합니다.

집착하는 올가미 엄마도, 마마보이 아들도 알고 보면 불행한 가족 관계의 피해자일지 모릅니다. 자신의 삶에 만족하고, 부부 사이가 돈독한 엄마는 아들에게 그렇게까지 목매지 않습니다. 아들의 독립은 생애 초기 엄마로부터의 분리에서 시작됩니다. '엄마는 여자다, 나는 남자다, 나는 아빠를 닮은 멋진 남자가 될 거야', 이게 남성의 정체성 확립에 중요한 요소입니다. 밀착된 모자 관계에 끼인 아들은 엄마에게서 벗어나지 못하면서도 어머니에 대한 분노로 가득합니다. 결국 엄마가 행복해야 아들도 행복한 진리인 거죠. 그리고 며느리도요.

리플리 증후군이라고요
어긋난 인정 욕구

요즘은 인터넷이나 유튜브 등 미디어를 통해 접하는 정보가 워낙 많습니다. 내담자분들도 자신의 어려움에 대해 미리 조사해 보고 상담실에 오시는 경우가 많습니다. 이러한 정보를 통해 스스로를 이해하는 데 도움을 받기도 하고, 나아가 전문적인 도움을 받아보고자 마음먹게 되기도 합니다. 그러나 때로는 정확하지 않거나 불충분한 정보로 자가 진단을 내리는 분들도 있습니다.

얼마 전 한 분이 자신이 '리플리 증후군'인 것 같다며 상담실을 찾아오셨습니다. 만나서 얘기를 나눠보니, '리플리 증후군'이라는 추측은 아내로부터 들은 얘기였습니다. 아내에게 자꾸 거짓말을 하고, 다시는 안 하겠다고 약속을 하고서도 또다시 거짓말을 하게 된다고 하셨습니다.

금방 들통 날 거짓말을 반복하며, 본인도 하고 싶지 않은데 자꾸 하게 된다고 애처롭게 호소하니 아내로서는 그런 남편이 도저히 이해가 되지 않았을 겁니다. 그러다 이 정도면 병이 아닌가 싶어 인터넷을 뒤져보다 '리플리 증후군'을 떠올린 겁니다.

'리플리 증후군'은 공식적인 진단명으로 사용되는 말은 아닙니다. 『재능 있는 리플리씨(The Talented Mr. Ripley)』라는 소설에서 유래된 명칭으로, 우리에겐 알랭 들롱이 출연했던 영화 〈태양은 가득히〉와, 맷 데이먼 주연으로 리메이크되었던 〈리플리〉라는 작품으로 널리 알려졌죠. 리플리 증후군의 특징은 허구로 만들어낸 인격과 사회적 지위를 스스로도 진실로 믿고 그것을 통해 만족을 얻는 건데요, 거짓 인격을 보호하기 위해 수단과 방법을 가리지 않고 범죄를 저지르기도 하는 일종의 반사회적 인격장애로 볼 수 있습니다.

몇 년 전 리플리 증후군이라 할 만한 사례를 취재한 방송 프로그램을 본 적이 있습니다. 전국의 10개가 넘는 대학을 돌아다니며 대학생 행세를 하는 젊은이였습니다. 다른 학생의 이름으로 학과 활동을 하고, 동아리 가입도 하며 캠퍼스 생활을 즐기다가 들킬 만하면 학교를 이동해 새로운 신분으로 옮겨 탔습니다.

따지고 보면 위장 생활을 통해 그가 얻은 이득은 졸업장도 아니고, 잠깐의 캠퍼스의 낭만입니다. 대학생이 되어 학교에 다니며 친구들과 어울렸을 뿐입니다. 어쩌다 그렇게까지 하게 됐는지 안타까운 마음마저 듭니다. 그러나 다른 학생의 신분을 도용하고, 거짓말이 들킬 위험에 처하면 도리어 피해자를 협박했다니 심각한 범죄임이 틀림없습니다.

리플리 증후군을 걱정하며 상담실에 찾아온 분은, 자신이 거짓말을 하고 있음을 명확히 인지하고 있었고, 자꾸 거짓말을 하는 스스로에 대해 괴로워하고 있었습니다. 이전에도 비슷한 사례를 접했는데, 거짓말을 하고 있다는 사실을 스스로 인지하고 자책하고 있었습니다. 거짓말의 내용이 신분을 위장하거나, 사기를 치는 심각한 수준의 범죄는 아니었습니다. '교회에 다니기로 약속했는데 거짓말을 하고 빠졌다거나, 친구 모임에 갔는데 안 갔다고 했다, 돈을 잘 번다고 허풍을 쳤다'는 등의 내용이었습니다. 그러나, 아무리 사소해 보여도 반복되는 거짓은 불신과 오해로 이어지고, 거짓말하는 스스로도 자괴감에 빠지게 만듭니다. 거짓을 유지하기 위해 계속해서 거짓을 둘러대야 하고, 더욱 정교한 스토리가 필요해집니다. 그러다 때로는 스스로도 거짓 자아와 실제를 혼동하거나 믿어버리는 상황까지 발전하는 경우도 있겠죠.

리플리 증후군이냐 아니냐보다 중요한 건 '왜 거짓말을 하는가'일 겁니다. 거짓말하는 분이 타인에게 보이는 이상적인 자기 이미지(좋은 학교에 다니는 멋진 대학생)를 포기하기 어려울 수도 있습니다. 혹은 갈등을 직면하거나 정면으로 해결하기 어려울 수도 있습니다. (교회 안 갔다고 하면 아내가 비난하고 실망할 것이다. 결국 아내를 잃을 수도 있다.)

상담실에 오신 분의 경우 아내가 먼저 리플리 증후군을 의심했다고 했습니다. 상담을 권한 것도 아내였고, 이분이 주로 거짓말을 하는 대상도 아내였습니다. 상담의 내용을 아내가 자세히 전달받기를 원한다며, 어떻게 말을 전해야 할지 무척 신경 쓰는 눈치였습니다. 이분의 거짓말 문제를 개선하기 위해서는 부부 관계를 포함해서, 이분이 맺고 있는 친밀한 관계들을 자세히 살펴봐야겠다는 생각이 들었습니다.

청소년들이 반복해서 학교에 지각을 하거나, 뭔가를 미루고 자꾸 꾸물대는 행동을 해서 은근히 속을 썩이는 경우가 있습니다. 지켜보는 부모는 속이 터집니다. 10분 후면 학교에 도착해야 하는데 아직 씻지도 않고 교복도 안 입은 모습을 보면 생각이 있는 건가 싶죠. 이런 경우 학교생활에 문제가 생긴 것이 아니라면, 대놓고 시원하게 반항도 못하는 아이의 소심한 반항일 수도 있습니다. 일부러 그런다기보다 본인도 자신의 마음을 잘 모를 수 있습니다.

미묘하게 속을 뒤집고 이해 안 되는 행동을 함으로써 속 썩이는 아이는 '수동 공격적'으로 행동하는 것일 수 있습니다. 수동 공격은 소극적이고 간접적인 방식으로 불만이나 분노를 전달하는 방법입니다. 상대가 너무 강하게 느껴지거나, 관계가 나빠지는 것을 원치 않을 때 이런 방식으로 행동하기도 합니다.

아내에게 거짓말을 반복하는 분의 경우, 어떤 마음에서 이러한 행동을 멈추지 못하는지 더 이상 알 수는 없었습니다. 상담실에 다시 오지 않으셨기 때문입니다. 첫 상담에 대한 남편의 보고가 아내 마음에 들지 않으셨는지도 모르겠습니다.

드러나는 현상은 거짓말이고, 지각이지만, 우리가 겪는 많은 어려움이 알고 보면 관계의 문제에서 출발합니다. 나타나는 양상은 조금씩 다르지만, 거짓말하는 남편도, 가짜 대학생도, 지각하는 청소년도 관계에서의 결핍과 불만을 해결할 방법을 잘못 찾고 있었는지 모릅니다.

거짓말하는 남편이 아내에게 어떤 남편이고 싶었던 건지, 왜 그렇게 거짓말을 계속하면서까지 아내를 어려워했는지는 궁금증으로만 남았네요.

사람도 사랑도 변하지만
변화를 수용하기

〈봄날은 간다〉라는 영화를 아시나요? 2000년대 초반, 리즈 시절 유지태와 이영애가 나왔던 영화입니다. 사운드 엔지니어인 유지태가 넓게 펼쳐진 갈대밭 가운데서 바람 소리를 수집하던 장면이 떠오릅니다.

두 사람이 아직 썸을 타던 중 여자가 '라면 먹고 갈래요?' 하고 무심하게 묻습니다. 이날부터 둘의 관계는 연인으로 발전하죠. 영화에서 또 하나 유명한 대사가 있습니다. 사랑에 빠졌다가 한쪽의 마음이 먼저 식어갈 때, 상처받은 남자는 절규합니다. '어떻게 사랑이 변하니…!' 영원할 것만 같았는데, 내 마음은 그대로인데, 어떻게 너는 변할 수 있는 건지. 연애 경험이 많지 않은 남자는 이별을 받아들이기 힘들어합니다.

제가 학창 시절에는 예쁜 낙엽을 주워 책 사이에 끼워 말리는 게 유행이었습니다. 손바닥만 한 낙엽이 바삭하게 잘 마르면 만년 필로 조심스럽게 '우리 우정 영원히' 같은 글자를 써넣었습니다. 그걸 코팅까지 해서 친구와 나누곤 했죠. 소중한 친구의 마음을 책갈피로 만들어 저장, 그런 취지였던 셈입니다.

영원을 맹세한 단짝 친구도 학년이 바뀌거나, 대개 몇 년 안에 새로운 우정으로 바뀌곤 했습니다. 그러나, 친구의 가무잡잡한 얼굴과 선한 눈빛, 궁서체의 예쁜 글씨체는 몇십 년이 지난 지금도 제 마음에 선명하게 남아 있습니다. 영원한 건 그때의 마음, 느낌인가 봅니다.

누군가와 만나고, 가까워지고, 관계가 깊어진다는 건 행복하고도 두려운 일입니다. 그 관계가 어떻게 될지 알 수 없습니다. 그렇게 잘 맞고, 행복했는데 깊은 상처를 남기고 결별하기도 합니다. 그런가 하면 처음에는 별 관심 없다가 시간이 갈수록 깊이 익어 가는 만남도 있습니다.

사람 관계를 '소수의 친한 사람'과 '안 친한 사람'의 두 부류로 나누시는 분들이 있습니다. 친한 사람에게는 속을 다 터놓고 모든 일을 의논하며 의지합니다. 안 친한 이에게는 다가가지 않고, 다가오지도 못하게 벽을 세웁니다. 관계에서 받은 상처가 커서 새로운 만남에 쉽게 마음을 열지 못할 수 있습니다. 사람을 잘 믿지 못해 비교적 안전한 관계에 머물고자 합니다.

그러나 친한 사람과의 관계도 영원하지 않습니다. 이런 관계에서 균열이 보이거나 갈등이 생기면 올인하며 의지했던 마음은 갈 곳을 잃습니다. 깊이 마음을 준만큼 갈등이나 변화가 배신으로 느껴지고, 어떻게 나에게 이럴 수 있지 분노하게 됩니다.

처음에 친근하게 느껴지지 않았던 사람도 알아갈수록 의외로 마음이 통해서 좋은 관계로 발전하기도 합니다. 사람들을 몇 번의 인상으로 판단하지 마시고 천천히 알아가 보세요. 궁금한 마음이 이해로 이어지고, 깊이 알아갈수록 호감이 생길지 모릅니다.

결말을 정해놓고 관계를 시작하지 마세요. '어린 시절 친구만이 끝까지 남는다, 직장에서는 친구를 사귈 수 없다, 한 번 아니다 싶은 사람은 끝까지 아니다…' 이런 속설들을 여과 없이 받아들이지 마세요. 어떤 사람도, 어떤 만남도 어떻게 될지 모를 일입니다.

변치 않는 사랑의 환상은, 우리가 어린 시절 부모에게 바라던 기대의 흔적입니다. 부모도 화를 내거나 변덕스럽게 굴기도 하고, 내가 원하는 것을 충분히 주지 않을 때도 있습니다. 그럼에도 불구하고 떠나지 않는 부모 사랑을 흡족하게 흡수한 아이는 친구나 연인 관계에서 허기를 덜 느낍니다. 심리적 양분이 마음 창고에 충분히 저장돼 있는 상태입니다.

사람도 변하고, 사랑도 변합니다. 나도 변합니다. 변한다는 게 꼭 멀어지는 걸 의미하는 것만은 아닙니다. 때로 변화를 받아들이며 계속 함께할 수도 있습니다. 성숙한 부모는 사춘기가 지나고 성인이 된 자녀의 변화를 수용합니다. 약간의 거리를 두고 지켜보면서, 집착하거나 떠나지 않습니다. 친구나 연인 간에도 서로의 변화를 받아들이고, 관계의 거리를 조정하며 더 깊은 관계로 나아갈 수 있습니다.

만남에서 떠나가고 헤어지는 일도 생깁니다. 그래도 함께 했던 순간들, 사랑하고 사랑받은 마음은 흔적을 남깁니다. 저는 상담을 통해 가을님이 그런 경험을 하시게 되면 좋겠습니다. 때로는 제게 불신의 마음이 들거나 거리감이 느껴지고, 충분치 않다는 생각이 들지도 모릅니다. 그러나 당신이 먼저 떠나지 않는 한 저는 그대로 있겠습니다. 솔직한 감정을 나누며 우리 관계를, 또 당신의 마음을 더욱 깊이 이해할 수 있을 겁니다.

우리의 만남이 당신 마음에 영원히 비지 않는 넉넉한 곳간으로 남게 되었으면 좋겠습니다.

대인관계가 어려운 당신에게
관계에서 마음 챙김

　　초심 상담자 시절, 제가 한 상담을 돌아보며 답답했던 적이 있습니다. 여러 차례 상담이 진행됐는데도 피상적인 얘기를 겉돌며 핵심에 다가가지 못하고 있었습니다. 그 당시 저는 슈퍼바이저(지도 감독자) 선생님과 함께 제 상담 사례를 분석하고 공부하는 중이었습니다. (이러한 과정은 내담자의 동의하에 이루어집니다) 슈퍼바이저 선생님으로부터 이런 얘기를 들었습니다. '내담자가 중요한 얘기를 꺼내는데도 그냥 흘려듣고 있네요.'

　　이전에도 비슷한 지적을 받은 적이 있었습니다. 열심히 듣는다고 듣는데, 대체 뭐가 문제인지 답답하고 속이 상했습니다. 슈퍼바이저 선생님과 얘기를 나눠 보고, 혼자서도 곰곰이 생각해 봤습니다. 개인적으로 저에게 민감한 주제나, 성격 특성도 영향을 끼치고 있었습니다.

그리고 또 놓치고 있는 중요한 것이 있었습니다. 내담자의 얘기를 잘 듣는 게 중요하다는 걸 이미 잘 알고 있다고 생각했습니다. 제 딴에는 잘 듣고 있는 줄 알았습니다. 그러나 실제로 그렇게 하지 못했던 거죠.

상담자로서 뭔가 전문적인 반응을 해야 한다는 부담감이 걸림돌이 되고 있었습니다. 얘기를 듣고 나면 무슨 말을 들려줘야 할지, 그다음 내용을 어떻게 이어 갈지… 잘 듣고 있는 것 같지만, 내 생각에 꽂혀 중요한 얘기를 놓치고 있었던 겁니다.

문제의 핵심을 깨닫고 난 후 진짜 내담자의 얘기에, 그 마음에 초점을 맞춰 보자, 부담과 욕심을 내려놓고 들어 보자, 단단히 마음먹었습니다. 온 에너지를 집중해 귀를 기울였습니다. 그제야 비로소 내담자가 하는 말이, 중요한 단어가 '들리기' 시작했습니다. 제대로 들으니 그다음에 어떤 반응을 할지는 한결 수월했습니다. 돌아보면 그때가 상담자로서 한 단계 성숙한 시점이었던 것 같습니다. 잘 듣는다는 게 뭔지 마음으로 이해하게 되었습니다.

대인 관계에서 어려움이 있는 분들이 겪는 일도 비슷한 측면이 있습니다. 다른 사람들과 함께 있을 때 무슨 말을 해야 할지, 어떤 표정을 지어야 할지 모르겠다고 하십니다. 이런 말을 하면 어떻게 생각할까, 이상하거나 재미없게 보지 않을까 마음이 복잡합니다.

오래전 이웃집에 차를 마시러 갔다가 감탄한 적이 있습니다. 초등학교 1학년에 막 입학한 아들이 있는 집이었습니다. 식탁 옆에는 커다란 전지가 붙어 있었고, 아이의 글씨체로 반 친구들의 이름이 빼곡히 적혀 있었습니다.

그 집 엄마는 아이가 학교에서 돌아오면 새롭게 알게 된 친구의 이름을 쓰게 했습니다. 친구들의 이름 옆에는 '축구, 발표왕, 스파이더맨 가방' 같은 특징이 적혀 있었습니다. 친해지고 싶은 친구 이름에는 별표 스티커도 붙어 있었죠. 엄마는 낙서를 보며 아이의 학교생활에 대해 자연스럽게 대화를 나누었습니다. 아이는 친구들을 관심 있게 지켜보았고, 친구들을 잘 알게 되었습니다.

관계의 어려움을 겪는 데는 사람마다 복잡한 사연이 있습니다. 과거에 좋지 않은 관계 경험이 있었거나, 생각이 많은 분들이 더욱 어려움을 겪습니다. 상담을 할 때는 현재 문제에 영향을 미치는 과거의 경험을 탐색하는 일부터 시작합니다. 그리고 현재 겪고 있는 어려움도 자세히 살펴봐야 합니다. 마음을 이해하기까지는 시간이 필요한데 문제는 계속해서 진행됩니다. 지금 할 수 있는 일이 있다면 그것부터 시작해 보는 것도 좋겠습니다.

주변 사람들에게 관심을 갖는 것부터 시작해 보면 어떨까요. 학교나 직장, 혹은 가족일 수도 있습니다. 떠오르는 얼굴이 있다면 그 사람을 잠시 생각해 보세요. 그 사람이 무엇에 관심이 있는지, 여가 시간은 어떻게 시간을 보낼지, 무슨 음식을 좋아하는지, 어떤 습관을 갖고 있는지.

앞서 말씀드린 이웃집 엄마의 교육법에 힌트가 있습니다. 상대가 어떤 사람인지 잘 살펴보면 그 사람에 대한 호기심이 생기고, 관심이 가고, 대화를 하는 데 도움이 됩니다.

누군가와 함께 있을 때 내 마음의 에너지가 어디를 향하는지 살펴보세요. 대인 관계의 어려움을 겪는 경우 마음의 초점이 '상대'가 아닌 '나 자신'에게 향하고 있을 때가 많습니다. 상대의 애기를 듣기보다 내 생각에 빠져 있기 쉽습니다. 주변 사람 신경을 많이 쓰지만, 정작 관심은 상대가 아닌 나 자신에게 집중되어 있을 수 있습니다. 그래서 눈치는 많이 보는데, 필요한 눈치가 없는 상황이 됩니다.

다른 사람의 말에 집중해서 정말 잘 들어보면 자연스럽게 맞장구도 치게 되고, 궁금한 것이 생겨 질문도 하게 됩니다. 맥락에 맞는 애기를 이어갈 수 있지요. 재미있게 말을 못 해도 큰 상관은 없습니다. 애기만 잘 들어도 되거든요. 내 애기를 잘 들어주는 사람을 싫어하는 경우는 별로 없습니다.

마음의 주의를 의식적으로 '지금, 여기'에 기울이는 상태를 '마음 챙김' 한다고 합니다. 누군가와 함께 있을 때는 그 사람에게 집중하는 것이 '마음 챙김'하는 것입니다. 편안한 대인 관계의 비결도 여기에 있는 게 아닐까 생각해 봅니다.

잃어버린 어른을 찾아서
좋은 어른이란

　가을님, 지난 주말에 〈인턴〉이라는 영화를 봤다고 하셨죠? 몇 년 전 개봉했던 영화인데 이제야 재미있게 보셨다고요. 젊은 나이에 성공 신화를 쓴 CEO 줄스(앤 해서웨이)가 70대 인턴 벤(로버트 드 니로)을 만나면서 벌어지는 이야기를 그린 영화였죠. 성별과 나이에 따른 역할 고정관념에서 벗어난 설정이 신선했던 걸로 기억합니다.

　나이 든 남자 어른이라고 하면 꼰대, 갑질, 가부장제 등의 이미지를 많이 떠올립니다. 그런데 영화 속 벤은 새로운 동료 인턴들과도 편하게 어울리고, 새로운 일을 배우는 데 누구보다 적극적이고 겸손합니다. 주변 사람들을 편하게 해 주지만, 누군가 도움이 필요할 땐 은근슬쩍 손을 내밀어 현명하게 돕습니다.

지나치게 참견하지 않고, 일방적이지 않고, 강압적이지 않지만 기대고 싶어지는 어른입니다. 우리가 한 명쯤 갖고 싶어 하는 그런 어른인 듯합니다.

우리는 누구나 때로 의지할 수 있는 든든한 대상을 필요로 합니다. 어른들과 그런 관계를 맺기 어려워진 아이들은 가출 패밀리를 만들어 서로 엄마 아빠 노릇을 합니다. 미숙한 아이들끼리 어른 흉내를 내며 서로 상처를 주고 범죄를 저지르기도 합니다. 부모님과 관계가 편치 않으면 일찍부터 마음속 어른을 잃어버립니다. 혼자 판단하고, 결정하고, 세상을 마주해야 하니 혼란스럽고 두렵습니다.

사춘기가 시작되면서 부모의 역할은 '안전 기지' 같은 존재가 되는 겁니다. 밖으로 모험을 떠났다가도 지치고 힘들 때면 부모 곁으로 돌아와 에너지를 충전하고, 그 힘으로 또다시 세상으로 나가고 싶어져야 합니다. 안전 기지를 잃어버리니 눈사태가 와도 부상을 입어도 돌아가 쉬고, 식량을 보급받을 곳이 없습니다. 홀로 무거운 짐을 짊어지고 어디로 갈지, 어떻게 가야 할지 고군분투하는 기분이 됩니다.

좋아하는 드라마 중에 〈다운튼 애비〉라는 작품이 있습니다. 1910년대 영국 요크셔의 대저택 다운튼을 배경으로 한 이야기인데요. 그랜섬 백작 부부와 세 딸들, 그리고 수십 명의 피고용인들이 함께 생활하며 다양한 사건이 벌어집니다. 이 드라마를 좋아하는 이유는, 귀족들의 아름답고 우아한 생활을 엿보는 즐거움도 있지만, 사람들 간의 다양한 관계가 참 훈훈하기 때문입니다.

엄격하고 규율이 많은 귀족 계급이지만 그랜섬 백작 부부는 따뜻하면서 균형 있는 어른들입니다. 자식들이 곤경에 처할 때는 적극적으로 돕지만, 부적절하게 개입하거나 강압적으로 기죽이지 않고 사랑으로 대합니다. 피고용인들에게도 품위를 지키되 부당한 갑질을 하지 않습니다. 헌신으로 일한 하인들이 곤경에 처할 때는 가족처럼 돌보고, 성장과 변화가 필요할 때는 기꺼이 응원하고 지원합니다.

집사인 칼슨 씨나, 하녀장 휴즈 부인, 요리사 팻모어 부인도 젊은 후배들을 엄격하게 통솔하면서, 삶의 고비마다 실수하거나 어려움에 처한 후배들을 든든하게 지켜주고 지혜로운 조언을 해줍니다. 주인 아가씨들에게도 집사나 하녀가 가까운 친구이자 든든한 삼촌 같은 존재이기도 합니다.

이 드라마가 사랑스러운 또 하나의 이유는 악인이 없다는 겁니다. 심술궂고 미성숙하던 인물도 이런저런 풍파를 겪으며 함께 배우고 성장합니다. 믿고 기다리며 이끌어주는 좋은 어른들이 있기 때문입니다.

많은 분들이 정서적으로 외톨이처럼 자랍니다. 이혼이나 사망 등으로 부모님의 부재를 경험한 경우뿐 아니라, 부모님이 여유가 없거나 정서적으로 불안정하다 보니 아이가 부모를 심리적으로 돌보는 형국이 되기도 합니다. 밥은 얻어먹어도 아이 노릇을 해보지 못한, 마음이 허기진 사람으로 자랍니다.

부모와 사이가 나빠져서 기대기 어려워지기도 합니다. 아이들이 먼저 부모를 밀어내고 멀어졌을까요? 겉으론 그렇게 보일지라도 속내는 그렇지 않습니다. 아이들이 부모를 미워하는 것 같아 보일 때조차도 깊은 속마음은 어른을 그리워합니다. 한 걸음 뒤에서 나를 바라봐 주고, 돌아보면 언제든 손잡아 줄 그런 어른을요. 그동안의 경험을 통해 믿을 수 없게 됐거나, 가까워지면 오히려 문제라는 공식이 마음속에 만들어져 피하는 거죠. 관계의 실패는 아이가 독불장군으로, 고독한 투쟁가로 세상에 홀로 맞서 싸우게 만듭니다.

아이들 뿐 아니라, 다 자란 성인들도 때론 어른이 필요합니다. 그래서 우리는 〈인턴〉이나 〈다운튼 애비〉 같은 작품들을 보면서 현명하고 따뜻한 어른들을 그리워하나 봅니다. 나이가 들수록 누군가에게 의지하는 일보다 누군가의 의지가 돼야 하는 경우가 많아집니다. 그러니 우리 서로가 서로에게 좋은 어른이 되면 좋지 않을까요.

그녀의 남성성, 그의 여성성
통합과 성숙

나이가 들면서 전쟁물이나, 역사물 같은 장르의 드라마를 즐겨 봅니다. 삼두정치 시대 로마 이야기를 다룬 〈롬(ROME)〉이나, 〈하우스 오브 카드(House of Cards)〉, 〈왕좌의 게임(Game of Thrones)〉처럼 권력을 놓고 벌어지는 음모와, 정치, 전쟁 이야기가 그렇게 흥미진진합니다. 이런 드라마들이야 워낙 완성도 높은 작품이라 장르를 떠나서 사랑받을 만합니다.

조금 더 젊었을 때는 이런 장르의 드라마를 썩 좋아하지 않았습니다. 로맨틱물이나, 서정적인 드라마를 즐겨 보았죠. 피 튀는 액션물이나, 이쪽저쪽 진영의 전략회의 장면을 한없이 길게 보여주는 대하드라마 같은 장르는 저의 플레이 리스트에서 제외되곤 했습니다.

나이를 먹으며 여성호르몬이 줄어들고 있는 걸까요. 이전부터 좋아하던 로맨스물도 여전히 즐겨 보고 있으니 시청하는 장르의 폭이 넓어졌다고 할 수 있겠네요. 사랑이건 정치건 결국 다 사람 사는 이야기 아니겠습니까. 어찌 보면 젊었을 때 제가 세상과 인간의 한정된 측면에만 편중된 관심을 갖고 있었는지도 모르겠습니다.

남편은 다큐멘터리를 좋아합니다. 책도 정보를 주고 지식을 전달하는 목적이 아니면 소설 장르는 잘 읽지 않았습니다. 그런데 요즘은 TV 리모컨을 꽉 틀어쥔 제 옆에서 남편도 함께 드라마를 자주, 재미나게 봅니다.

5~6년 전쯤 일인 것 같습니다. 추석이라 차례를 마치고 시댁에 모여 앉아 TV를 보고 있었습니다. 요즘은 많이 사라진 것 같은데, 항상 추석만 되면 지상파 방송에서 추석 특집 드라마를 편성하곤 했죠. 자세한 내용은 기억나지 않지만, 가족을 떠나 혼자 떠돌던 아버지가 어느 날 집에 돌아오고, 원망하던 자식들은 아버지에게 몰랐던 아픔과 희생이 있었다는 걸 알게 되고… 뭐 그런 감동의 가족 드라마였던 것 같습니다.

뻔한 내용이라 해도 이런 드라마를 보면 눈물이 나긴 하잖아요. 저도 살짝 눈시울을 붉히며 뭔가 얘기하려고 남편 쪽을 돌아보았습니다. 그때 저는 보고 말았습니다. 남편의 눈물을요. 남편이 눈물 흘리는 모습을 본 건 아마 그때가 거의 처음이었던 것 같습니다. 눈가에 맺히는 눈물 정도가 아니라, 주르륵 뺨을 타고 흐르는 눈물을요.

제 기억이 맞다면 아마 그 무렵부터인 것 같습니다. 남편이 제 옆에 앉아 드라마를 같이 보며 수다를 떨기 시작한 게요. 말랑말랑한 로맨스물도 재미있게 봅니다.

이렇게 저희 부부는 거의 모든 장르의 드라마, 영화를 함께 보게 되었습니다. MBTI 정반대 유형의 극과 극으로 다른 성격이지만, 함께한 세월이 어느 정도 서로를 평준화시켜 놓았나 봅니다. 중년이 되면서 호르몬의 변화가 우리의 취향과 성역할 고정관념을 조금씩 바꿔 놓았나 싶기도 하고요.

나이를 먹으면서 호르몬의 변화뿐 아니라 심리적으로 평형을 찾아가는 부분도 있습니다. 칼 융(Carl Gustav Jung)은 남성의 무의식 속에 있는 여성성을 '아니마', 여성의 무의식 속 남성적 측면을 '아니무스'라고 했습니다.

사회에서 요구하는 태도와 역할에 맞게 발달된 인격을 분석심리학에서는 '페르소나(외적 인격. 가면이라는 뜻)'라고 합니다. 세상 속에서 사람들과 관계 맺으며 엄마, 아내, 직업인, 친구, 딸 등 여러 페르소나를 번갈아 써가며 생활합니다. 청년기까지는 사회에 적응하기 위해 다양한 페르소나를 배워서 익힙니다. 그러나 중

년 이후에는 겉으로 드러나지 않았던 내적 인격을 의식화함으로써 진정한 자기실현에 이를 수 있습니다. 아니마와 아니무스도 이러한 내적 인격의 측면입니다. (이부영, 『아니마 아니무스』 참조.)

융이 얘기한 '아니무스', 즉 제 안에 잠자고 있던 남성적 원형이 중년 이후 적극적으로 활동하기 시작하고, 남편 안에 있던 여성성인 '아니마'가 꿈틀거리나 봅니다. 남편에게서 감성적이고, 다른 이를 살피고, 눈물을 흘릴 줄 아는 모습을 보게 됩니다. 저는 점점 더 씩씩해지고, 힘이 생기고, 장난도 많이 치게 됩니다.

가을님도 그동안 '나 답다'라고 생각했던 측면들을 돌아볼 때가 된 듯합니다. 주어진 역할에 충실하게 살아가느라 숨어있던 또 다른 나는 어떤 모습일까요. 미처 몰랐던 나를 통합해 살아갈 앞으로의 인생은 어떻게 펼쳐질까요.

불금의 오늘 밤에는, 어떤 드라마를 보며 맥주 한잔할까 궁리 중입니다. 뭔가 찐한 에너지가 느껴지는, 사랑과 배신과 복수, 그리고 권력과 암투의 종합 선물세트⋯ 제가 안 본 그런 명작 어디 없을까요?

4장

마음의 발견―나 사용설명서를 만듭니다

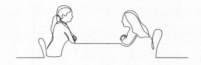

"우리의 생각이나 사건을
다른 사람에게 설명하기 위해 이야기가 필요하듯이,
우리에게 일어난 사건을 우리 자신에게
납득시키기 위해서도 이야기가 필요하다."

― 『표현적 글쓰기』 중에서 ―

취미가 항우울제입니다
당신만의 안전지대

제가 어릴 적 새 학년에 진급할 때마다 학교에서 설문 조사를 하곤 했는데요. 설문 문항 중에 취미가 뭐냐는 질문이 꼭 있었습니다. 독서, 피아노 같은 걸 적으면서 뭐하러 이걸 맨날 물어볼까 궁금했습니다. 한 편으론 내 취미는 왜 맨날 독서, 피아노밖에 없나, 좀 새로운 거 없을까 궁리해 보곤 했습니다. 그렇다고 당당하게 만화 보기와 그리기라고 쓰지도 못하던 시절이었습니다. 시간 낭비한다고 야단맞을 것 같았거든요.

여유가 생기면 무얼 하냐고 물었을 때, 가을님은 주로 누워서 TV나 스마트폰을 본다고 하셨습니다. 근데 너무 누워만 있으니 기분이 다운되고, 어쩐지 허무하기도 하다고요. 낮에는 회사 가고, 밤이면 지쳐서 TV를 보다 잠들고. 쳇바퀴 돌듯 똑같은 하루 하루가 반복되는 느낌이라고 하셨죠.

저도 영화나 드라마 보는 걸 정말 좋아합니다. 가장 즐기는 여가 활동일 거예요. 그래서 가을님의 기분을 알 것 같습니다. 긴장을 풀고 아무 생각 없이 드라마를 보면서 떡볶이를 먹는 시간이 그렇게 달콤할 수가 없습니다. 그런데 아무리 좋아도 가만히 앉아서 (혹은 누워서) 오래 있으면 어쩐지 기분이 처지고 몸도 찌뿌듯합니다. 기분이 가라앉을 땐 가만히 있기보다 몸을 조금 움직이는 게 좋습니다. 근육을 써야 에너지가 생기고 생기가 돌죠.

우울한데 움직이라니 말이 되나 싶을지 모르겠습니다. 그렇죠, 우울할 때는 만사 다 귀찮고 꼼짝하기 힘듭니다. 그래서 너무 우울해지기 전에 움직이는 게 좋습니다. 평소에 조금씩 움직이는 습관을 만들어 둘 필요가 있습니다.

생각과, 마음과, 몸은 함께 작동합니다. '행복해서 웃는 게 아니라, 웃으니까 행복해진다'라는 말 들어보신 적 있으세요? 생각이나 기분이 몸 상태에 영향을 주기도 하지만, 거꾸로 몸부터 바꾸면, 즉 행동이 달라지면 마음에도 영향을 미칩니다.

저도 요즘 TV나 책을 보다가도 의식적으로 한 번씩 일어나 움직이려고 합니다. 가벼운 스트레칭을 하거나 살살 걸어 봅니다. 앉아있는 시간이 너무 길어진다 싶으면 사이사이 가벼운 집안일을 하기도 하고요. 여유가 있을 땐 나가서 동네 한 바퀴 돌며 산책을 합니다.

어디로 가야 할지 마땅히 떠오르지 않을 때 주로 찾는 곳은 서점입니다. 책으로 둘러싸인 서점에 머물러 있을 때 제 마음은 조용한 흥분 상태가 됩니다. 밖에서 벌어지는 일들과는 아무 상관없이, 나름의 질서로 움직이는 세계로 들어간 기분입니다. 일 생각도, 집 생각도 잠시 멀어집니다. 다른 고객이나 동반자와 함께 있어도 조용히 혼자 빠지는 세상입니다.

정신과 의사이자 작가인 문요한은 그의 저서 『오티움』에서 '우리에게 필요한 것은 단순한 여가가 아니라 놀이'라고 말합니다. 무언가 하고 싶은 것을 하며, 영혼에 기쁨을 주는 능동적 여가 활동을 그는 '오티움'이라는 라틴어로 명명합니다. 능동적인 노력을 들여 몰입하는 즐거움이 필요하다고 합니다.

물론 아무것도 안 하고 누워서 쉬기만 하고 싶을 때도 있습니다. 일상을 늘 꽉 채우기만 하고 쉬지 못하는 분이라면 그런 시간이 필요합니다. 그러나 마냥 쉬기만 한다고 계속해서 충족감을 느끼기는 어려울 겁니다. 삶의 균형을 잡을 수 있는 여가 활동, 취미가 필요합니다. 하고 싶은 뭔가를 하며 푹 빠져보는 시간이 삶에 활기를 줍니다.

몇 년 전 플로리스트인 친구의 재능 기부로 꽃꽂이 모임을 가끔 했는데요. 친구의 안내를 따라가기만 하면 멋진 꽃바구니가 만들어지곤 했습니다. 꽃이라는 게 워낙 어떻게 해도 그 자체로 예쁘니, 곰손인 제가 만든 완성품도 늘 아름다웠습니다. 선생님의 지도를 똑같이 따라 하는데도 각자 개성에 따라 다른 느낌의 작품이 되는 것도 얼마나 재밌던지요.

꾸준히 글을 쓰면서도 또 다른 기쁨을 알게 됐습니다. 물론 글을 쓴다는 건 처음에는 어렵기도 하고, 에너지가 쓰이는 번거로운 작업입니다. 그러나, '잘 써야 한다'는 부담을 내려놓으면, 글쓰기처럼 충족감을 주는 활동이 또 없습니다. 모든 창작 활동이 주는 행복일 겁니다. 결국 약간의 수고로움을 감당해야 더 큰 기쁨을 느낄 수 있는 셈입니다.

취미가 위로가 되고, 낙이 됩니다. 어릴 때 학교에서 취미를 물어본 건 타당했던 것 같습니다. 물론 취미를 통해 성격이나, 진로 성향을 유추해 볼 수도 있습니다. 그러나 교육 과정에서 취미를 찾고 순수하게 즐길 수 있도록 장려하는 접근은 부족했던 것이 아쉽습니다.

제가 아는 분은 식물을 가꾸면서 큰 기쁨을 느낀다고 합니다. 바라보고 기다리며 정성을 들이면 어느 날 갑자기 싹을 틔우고, 볼 때마다 조금씩 자라나는 모습이 그렇게 기특하다고요. 그분은 주변에서 죽어가는 화분을 가져와 살려내곤 했는데, 누렇게 시들어가던 식물이 싱싱하게 살아나는 것을 볼 때 감동을 느낀다고 합니다. 정성껏 화분을 가꾸며 사진을 찍고 동호회 활동을 하더니, 이제는 부수입을 올릴 방법도 강구하고 있습니다. 요즘 말로 취미가 부캐가 된 셈입니다.

가을님도 프랑스 자수를 해보고 싶다고 하셨죠. 부지런히 손을 놀리다 보면 잡념도 많이 사라지겠네요. 눈에 보이는 결과물이 생기니 성취감도 느낄 수 있을 겁니다. 가을님이 만든 작품을 저도 보고 싶습니다.

무얼 할 때 시간 가는 줄 모르고, 기쁨을 느끼시나요. 한껏 빠져들 수 있는 그 일이 당신의 항우울제입니다.

쇼핑이 멀어지는 글쓰기의 힘
글쓰기로 치유한다

코로나로 외출이 어려워진 동안 배달 음식을 주문하는 횟수가 부쩍 늘었습니다. 배달 어플에 들어가 보니 피자나 치킨 종류는 말할 것도 없고, 진짜 배달이 안 되는 게 없더군요. 새롭게 발견한 맛집들 중에는 반죽이 끝내주는 수제 도넛 가게, 전과 떡볶이를 함께 파는 환상의 콤비 맛집, 언론에도 소개된 이태리 식당 등 맛의 신세계가 펼쳐졌습니다. 맛집을 찾아다니는 게 낙이었던 제게 배달 어플은 크나큰 위로가 되어주었습니다.

배달 음식 앱과 함께 또 많이 방문한 곳이 단골 인터넷 옷가게입니다. 한 번씩 들러 오늘은 무슨 신상이 들어왔나 구경하고, 파격 세일 상품도 살펴보고, 다른 사람들이 올린 후기도 감상하곤 했습니다. 동네 언니네 가게 마실 가듯 이 가게를 들여다보는 게 큰 즐거움이 됐습니다.

그런데 글쓰기를 시작한 다음부터 인터넷 방문 횟수가 좀 줄었습니다. 일과 관련된 글을 쓰다 보니 일에 대한 애정도 초심자 때처럼 퐁퐁 샘솟고, 만나는 분들에 대한 마음가짐도 더욱 세심하게 돌아보게 됩니다.

책이나 드라마를 볼 때도 글을 쓰는 관점으로 보니 즐거움의 밀도가 달라졌다고 할까요. 훨씬 더 자세히, 재미나게 보게 됩니다. '이 책과 관련해서는 상실에 대해서 써봐야겠어, 이 드라마의 관전 포인트는 기혼 여성의 독립과 성장이야' 하는 식으로요. 그동안의 경험과 하고 싶은 이야기를 연결 지으며 더욱 적극적으로 감상에 참여하게 됩니다. 생각해 보면 상당한 에너지를 짬짬이 글 쓸 궁리를 하며 보냅니다.

글쓰기는 치유적으로도 의미 있는 효과를 지닙니다. 하고 싶은 이야기를 토해냄으로써 감정이 정화되고 후련해지는 카타르시스를 느낄 수 있는데요. 실제로 심리 상담에서 '글쓰기 치료'를 하나의 기법으로 활용하기도 합니다.

미국의 심리학자 제임스 페니베이커(James Pennebaker)는 결혼 3년 차에 우울증을 앓으면서 그동안의 삶을 솔직하고 자유롭게 써나가기 시작했습니다. 매일 글을 쓰면서 삶의 부정적 측면과 긍정적 측면을 통합하여 균형감을 갖게 됐고, 우울감이 줄었다고 합니다.

이후, 페니베이커는 계속해서 글쓰기와 감정의 관계를 연구하며 글쓰기가 의미 있는 치유 효과를 갖는다는 결과를 밝혀냈습니다. 해고 노동자들을 대상으로 한 연구에서는 감정을 글로 표현한 집단이 그렇지 않은 집단에 비해 재취업에 대한 자신감이 세 배가량 높게 나타나기도 했습니다. 글쓰기가 감정을 정화할 뿐 아니라, 자신감을 향상시키고, 삶의 방향성을 갖게 하는 데 도움이 된 겁니다.

페니베이커는 그의 저서 『표현적 글쓰기』에서 이렇게 얘기합니다.

"왜 인간들에게 표현적 글쓰기가 감정적으로 도움이 될까? 그 답은 언어와, 인간, 그 관계의 속성에서 찾을 수 있다. 인간이 언어를 사용한 이래 사람들은 다른 사람들에게 사건을 설명하기 위해 언어를 사용했다 … 이야기는 우리로 하여금 단순한 동시에 엄청나게 복합적인 경험들을 이해하는 길을 열어준다. 우리의 생각이나 사건을 다른 사람에게 설명하기 위해 이야기가 필요하듯이, 우리에게 일어난 사건을 우리 자신에게 납득시키기 위해서도 이야기가 필요하다."

말을 하거나 글을 쓰는 것은 이성적 행위입니다. 아무리 감성적인 글이고, 감정을 표현한다 해도, 말하고 글을 쓸 때는 이성의 뇌 영역이 함께 작동합니다. 감정을 표현하는 동안 이성적으로 정리하고 통합하게 되며, 감정 조절의 효과를 갖게 됩니다.

상담도 자신의 감정과 경험을 말로 표현하는 과정이고, 감정을 토해내는 동안 마음이 후련해질 뿐 아니라, 경험을 이해하고, 의미를 찾고, 감정에 휩싸여 미처 보지 못했던 측면까지도 이해하게 됩니다.

가을님께서도 책 읽는 것을 좋아한다고 하셨는데, 자신의 글을 한 번 써보시면 어떨까요. 힘들고 아팠던 일들을 써 내려가면서 감정이 흘러가 후련해지고, 그러다 보면 조금은 거리를 두고 경험들을 바라보게 됩니다. 길게 쓸 필요도, 잘 쓰려고 애쓸 필요도 없습니다. 부담을 갖고 시작하면 어렵고 무거워서 엄두가 나지 않습니다. 그냥 하고 싶은 말을 마구 쏟아내는 기분으로 시작해 보세요. 내면에 엄격한 검열관이 들어앉아 있다면 과감히 쫓아내 버리세요. 어린아이처럼 조잘대고, 두서없이 뱉어내는 속 시원한 글쓰기를 해보세요.

어릴 때 학교 숙제로 일기를 써본 경험이 있으실 거예요. '오늘 누굴 만나 뭘 했고, 어디를 갔다.' 이렇게 사실에 입각한 글을 많이 쓰셨을 거예요. 내 마음을 돌아보고, 치유하는 글쓰기를 하려면 '사실'보다는 '감정'에 초점을 둔 글쓰기를 권해 드립니다. 오늘 내 기분이 어떤지, 왜 그런 마음이 드는지, 누구를 만났는데 어떤 감정이 느껴졌는지, 어떤 생각이 함께 떠오르는지 자세히 써보세요.

짧은 글이라도 꾸준히 써 나가다 보면 내가 자주 느끼는 감정이 뭔지, 강렬하게 나를 사로잡는 경험이 어떤 것들인지 차차 깨닫게 될 거예요. 가을님은 그렇게 자기 마음 전문가가 되어갈 겁니다.

매일매일 좋은 날
마음 건강은 지금 여기에

어릴 때 제가 다니던 초등학교에서는 아침 수업이 시작되기 전 명상의 시간이라는 걸 가졌습니다. 중저음의 성우 아저씨가 방송을 통해 장엄하게 '명상의 시간~' 하고 선포합니다. 모두 눈을 감고 안내에 따라 명상을 시작합니다. 한 5분이나 됐을까요, 그 시간이 엄청나게 길고 지루하게 느껴졌습니다. 몸을 꼼지락거리다 실눈을 뜨고 짝꿍과 장난을 치고, 졸기도 했던 것 같습니다.

그 시절 명상의 시간이 제 기억에 남아있는 건 명상이 좋았기 때문이 아닙니다. 전통음악 가락과 함께 명상으로 안내해 주던 아저씨의 느릿한 목소리, 눈을 감고 명상하는 행위 자체가 이상야릇하게 느껴졌기 때문입니다. 왜 이런 걸 시키는지 모르겠는데, 어린 나이에 극기 훈련같이 느껴졌다고 할까요. 지금 와서 보니 아침

237

시간을 명상으로 시작한 취지는 이해가 갑니다. 다만 아이들의 눈높이에 맞는 방법은 아니었던 거죠.

요즘은 명상의 효과가 널리 알려져 책도 많이 나오고, 동영상 콘텐츠나 어플로도 만들어져 있습니다. 마음만 먹으면 누구나 쉽게 시작할 수 있습니다. 명상은 원래 불교에서 유래된 수행법이지만, 최근에는 심리학 영역에서 명상의 효과를 활발히 연구하고 적용하고 있습니다.

우리의 몸은 '지금, 여기'에 있지만 마음은 그렇지 못할 때가 많습니다. 밥을 먹으면서도 마음은 스마트폰 속에 가 있습니다. 책을 읽는다고 앉아서 가족에 대한 생각, 친구와의 대화, 내일 아침 메뉴 등을 떠올리고 있죠.

내 마음이 현재에 있지 못하고 과거에 자주 잠겨 있을 때 우울해지기 쉽습니다. 후회와 자책, 분노와 원망에 빠지는 시간이 많아집니다. 지나간 일을 어찌할 수 없으니 무력해지기 마련입니다. 마음이 자꾸 미래로 달려갈 때는 불안해지기 쉽습니다. 온갖 근심 걱정에 끊이지 않으며 두려워지고, 일어나지도 않은 일을 비관적으로 예측하며 생각이 많아지죠.

명상이 좋다지만 심리적으로 극도로 불안정한 상태에서는 권하지 않습니다. 자칫 혼란스러운 마음에 압도되어 힘들게 느껴질 수 있습니다. 그래서 손쉽게 권해 드리고 싶은 방법은 일상의 활동에서 마음을 현재에 모으는 연습입니다.

밥을 먹을 때, 산책을 할 때, 샤워를 할 때, 어떤 순간에도 할 수 있습니다. 지금 하고 있는 일에 집중합니다. 팁은 오감을 최대한 활용하는 겁니다. 보고, 듣고, 냄새 맡고, 만지는 모든 감각을 최대한 깨워 주의를 기울입니다.

설거지를 한다고 상상해 보세요. 흐르는 물소리, 거품이 말끔히 씻겨나가는 모습, 그릇이 뽀득거리는 느낌에 집중할 수 있습니다. 산책을 할 때도 공기의 냄새를 맡고, 피부에 닿는 바람을 느끼고, 나무도 만져보고, 내 발바닥과 허리, 몸의 움직임을 살펴봅니다.

물론 설거지를 하면서도 이런저런 생각이 떠오릅니다. 그러면 '생각으로 갔음'을 알아차리고 다시 설거지로 돌아와 집중합니다. 책을 읽을 때도 눈은 책의 글자를 따라가며 딴생각을 하고 있을 때가 많습니다. 그럴 때도 딴생각에 빠졌음을 깨닫고 다시 책의 내용으로 돌아옵니다.

제가 좋아하는 훈련 방법은 먹기 명상입니다. 눈으로 보고, 냄새 맡고, 식감과 목 넘김을 최대한 음미하고, 배가 서서히 불러오는 것을 느끼며 먹는 과정에 주의를 기울여 봅니다. 가끔 TV나 스마트폰을 내려놓고 감각을 총동원하여 식사를 음미해 보세요. 음식의 맛도 충분히 느낄 수 있고, 배가 불러오는 감각을 알아차려 폭식을 예방하는 데 도움이 됩니다.

〈일일시호일(日日是好日- 매일매일 좋은 날)〉이라는 일본 영화가 있습니다. 스무 살부터 25년간 다도를 하며 쓴 에세이를 영화로 만든 작품입니다. 일본의 국민배우 '키키 키린'의 유작이기도 합니다.

일본의 다도는 절차가 까다롭기로 유명합니다. 스무 살 여학생은 처음엔 물 하나 떠오는 것조차 엄격한 다도가 어렵게만 느껴집니다. 그래도 토요일마다 꾸준히 다도 수업에 갑니다. 남들은 잘하는데 나만 엉성한 것 같아 조바심치는 시기도 거치고, 지겨울 정도로 반복되는 연습 과정을 따라 차를 내립니다. 물의 온도를 섬세하게 맞추고, 다기를 준비하고, 찻잎이 퍼지는 것을 바라봅니다. 온 마음과 감각을 모아 맛과 향을 음미합니다. 절기에 따라 달라지는 차와 간식, 창밖의 풍경을 즐깁니다. 다도가 일종의 명상 수련이구나, 영화를 보며 새삼 생각했습니다.

고통스러울 때는 그 아픔이 나를 짓누르고 압도해서 멈추지 않을 것만 같습니다. 걱정이 있을 때는 마음이 온통 휘저어져 집어삼켜질 듯 두렵습니다. 문제가 영영 끝나지 않을 것만 같습니다. 그러나 불면의 밤이 지나고, 다음 날 아침 정신이 맑아지면 스스로도 의아해질 때가 있습니다. 상황이 바뀐 건 없는데 마음이 한결 차분해집니다. 어젯밤엔 왜 그렇게까지 걱정을 했는지 모르겠다 싶습니다.

고통이 영원히 계속되지는 않습니다. 모든 것이 파도가 치듯 왔다가 갑니다. 고통을 피하고자 몸부림치고, 통제하려고 애쓰면서 오히려 집착하게 되고 더 큰 어려움에 빠집니다.

　　마찬가지로 기쁨도 행복도 영원히 붙잡을 수 없습니다. 바다를 바라보듯, 파도처럼 왔다가 사라지는 다양한 경험들을 바라보는 지금 이 순간에 우리가 있을 뿐입니다.

혼자서도 건강한 마음
멈추어 나를 돌봅니다

오랜만에 명상 모임에 참여했습니다. 모임이 없는 날에도 혼자 꾸준히 수련을 하겠다고 마음먹었는데, 모임에 빠지게 되니 혼자 하는 수련에도 게을러지네요. 나를 만나는 시간이니, 혼자서도 충분히 할 수 있는데, 몸에 밴 습관이 아닌 탓에 약간의 강제성과 함께 하는 힘이 도움이 됩니다.

명상 수업을 처음 할 때는 어깨가 너무 아프고 무겁게 느껴져서 앉아 있는 것 자체가 고역이고, 그 자리에 드러눕고만 싶었습니다. 평소에도 어깨가 아플 때가 종종 있지만 가만히 나에게만 집중하고 있으려니 통증이 굉장히 의식됐습니다. 당장 고통을 없애고 싶은 마음에 불편한 심정이 됐습니다. 5분이란 시간이 그렇게 길고 괴롭게 느껴졌습니다.

명상 후에 '어깨가 너무 아프다. 빨리 편안해지고 싶었다'라고 소감을 말했더니 선생님께서 '아프면 아픈 것을 알아차리면 된다. 아픈지도 모르고 지냈는데 내가 어깨가 많이 아팠구나, 알면 된다'라고 하셨습니다.

이번 명상 수업에선 어깨 통증이 사라졌음을 알아차렸습니다. 같은 자리에서 수련을 하다 보니, 앉기만 하면 느껴졌던 통증이 지금은 사라졌음을 깨달았습니다. 미처 모르고 지냈는데 어느새 통증이 많이 사라져 있었습니다.

명상을 하지 않아도 심한 통증은 결국 알게 되었을 겁니다. 그러나, 명상 시간에 내 몸에 집중하면서 통증이 시작되고 사라지는 것을 민감하게 알아차릴 수 있었습니다. 그래서 일상에 지장을 받기 전에 자세와 생활 습관에 조금 더 신경 쓰고, 스트레칭도 살살하면서 몸을 살필 수 있었습니다.

오늘 내담자 한 분이 그런 말씀을 하셨습니다. '남자 친구와 헤어진 후 보고 싶은 마음이 들어서 너무 괴로웠어요. 헤어져야 하는 걸 알면서도 자꾸 생각나고, 잊지 못하는 게 답답했어요… 그런데 지난번에 선생님이, 그렇게 좋아했던 사람인데 보고 싶은 게 당연하다. 보고 싶은 마음이 이상한 게 아니라고 해주셔서 많이 위로가 되더라고요. 잊으려고 너무 애쓰지 않아도 된다고 생각하니 오히려 마음이 좀 편해졌어요.'

우리는 기분을 달래기 위해 당장 뭔가를 해야 한다고 생각합니다. 불쾌한 감정이 들 것 같으면 얼른 그 느낌을 없애고자 술을 마시거나 폭식을 합니다. 그 느낌이 뭔지 제대로 알지 못하고 없애려 하니, 사라지지 않고 자꾸만 다시 올라오고, 더 커진 에너지로 나를 압도합니다.

감정에 휘둘리지 않기 위한 알아차림과 명상 방법을 안내하는 『감정 구출』이란 책에서 족첸 뾘롭 린포체는 이렇게 말합니다.

> "감정은 단순하지만, 그 깊숙이 도사리고 있는 자신에 대한 무지를 힘의 원천으로 삼는다. 이러한 연유로 감정을 경험하는 것을 알아차리고 있을 때 놀랄만한 현상이 일어난다. 즉, 감정은 우리를 비참하게 만드는 힘을 잃어버린다. 따라서 감정이 우리 삶 속에서 어떻게 작용하는지를 알고, 감정이 우리를 휘두르도록 놔둘 때 그 영향력이 얼마나 치명적인지를 이해하는 것이 중요하다. 이 감정의 작용에 대한 앎을 통해 우리는 감정으로부터 주권 회복을 시작할 수 있다."

감정으로부터 주권 회복을 하기 위한 첫걸음은 '알아차리며 거리두기'입니다. 자신과 감정 사이에 약간의 틈을 두자는 것입니다.

속상한 일이 있거나, 화가 날 때, 혹은 두려운 마음이 들 때 가을님은 어떻게 하시나요? 불편한 감정을 없애고 멀리하기 위해 사용하는 습관적 반응들이 있을 거예요. 기분 나쁜 일이 생기면 바로 화를 내어 풀려고 하거나, 불안한 생각을 붙들고 계속해서 곱씹으며 밤잠을 지새울 수도 있습니다. 채널을 돌리듯 재미있는 일을 찾아서 얼른 관심을 돌려버릴 수도 있습니다. 이러한 행동들은 오랜 시간 나와 함께해서 익숙해진 습관적 반응들입니다. 그래서 당연하고, 자동적이며, 내가 어찌할 수 없는 것처럼 느껴질지도 모릅니다.

알아차리며 거리를 둔다는 것은, 어떤 느낌이 있음을 우선 알아차리고 (명상할 때처럼 나에게 집중하는 순간에 더 잘 알아차릴 수 있습니다), 그 느낌을 잠시 바라보는 것입니다. '여기에 (통증이, 두려움이, 부글거리는 마음이) 있구나' 하고 바라보되 당장 그것을 없애기 위한 어떤 습관적 행동을 하지 않습니다.

어제 저는 친구와 맛있는 밥을 먹고 커피를 마셨습니다. 그런데 어느 순간 기분이 조금씩 다운되기 시작했습니다. 집에 돌아와 일도 손에 잘 잡히지 않고, 기분도 그렇고 하니 TV나 보려고 소파에 자리를 잡았습니다. (저의 습관적 반응입니다) 그런데 어쩐지 이 기분을 무시하고 싶지 않았습니다. 방송도 별로 재미있게 느껴지지 않았고요. 그래서 TV를 끄고 아무것도 하지 않은 채 그냥 잠시 가만히 있었습니다. 그리고 제가 꽤 울적해져 있음을 시인했습니다.

잠시 아무 일도 하지 않고 그냥 제 마음을 고스란히 느꼈습니다. 그렇다고 복잡한 생각을 붙잡고 추궁하며 따라가지는 않았습니다. 속에서 살짝 메스껍게 올라오는 두려움과 가슴을 뻐근하게 만드는 아픔을 느꼈습니다.

시간이 조금 흐른 후 불편한 느낌이 차차 사그라들었습니다. 그렇게 마음이 진정되고 나니 어떤 생각과 감정들이 나를 힘들게 하는지 들여다볼 여유가 생겼습니다.

족첸 뾘롭 린뽀체는 감정 주권 회복을 위한 방법으로 먼저 멈추어 감정을 알아차리고, 그 에너지를 느끼며, 거리를 두라고 합니다. 명상을 하는 것은 잠시 멈추어 나를 보는 일입니다. 꼭 명상이라 부르지 않아도, 아무것도 하지 않고 멈추어 나를 만날 수 있을 겁니다.

그 상태로 잠시 머물러 바라봄으로써 약간의 거리를 둘 수 있습니다. 화, 우울, 불안 그 어떤 감정도 '나 자신'이 아닙니다. 화가 난 나를 바라보는 내가 있습니다. 감정과 한 덩어리로 딱 달라붙은 내가 아니라, 내 마음을 가만히 바라보는 내가 있음을 상상해보세요.

이런 과정이 추상적이고 막연하게 느껴지실지 모르겠습니다. '감정을 알아차리고, 느끼고, 거리를 두는' 과정을 생각할 때 저는 현명한 엄마의 이미지가 떠오릅니다. 속이 상해서 우는 아이 옆에서 다그치지 않고, 아이와 똑같이 흥분하지도 않고, 차분히 기다리며 바라봐주는 엄마의 모습이요. 우리가 우리의 마음을 자애로운 엄마처럼 돌본다고 생각해 보면 어떨까요.

우리는 감정이 시키는 대로 끌려가는 노예가 아닌, 진정한 나의 주인이 될 수 있습니다.

우리에겐 이야기가 필요합니다
이야기의 힘

　가을님, 요즘 어떤 책을 읽고 계신가요? 어릴 때부터 소설 읽기를 좋아했다고 하셨죠. 마거릿 애트우드의 『시녀 이야기』 얘기를 어찌나 재미나게 하시던지 저도 쏙 빠져들어 흥미진진하게 들었습니다.

　제가 어릴 때 가끔 할머니가 집에 오셔서 며칠 주무시고 가시곤 했습니다. 이부자리에 누워 할머니 냄새를 맡으며 옛날이야기를 해달라고 조르곤 했죠. 이미 여러 번 들었던 이야기들인데도 다시 또 듣고 싶었습니다.

　'옛날 옛날에 앞집에는 착한 사람, 뒷집에 못된 사람이 살았는데…'로 시작해서 주인공은 역경을 겪기도 하지만 결국에는 복을 받아 부자가 됩니다. 못된 사람은 벌을 받거나, 때로는 용서를 받고 반성하기도 합니다. 결말은 얘기를 들려주실 때마다 조금씩 바뀌었던 것 같습니다.　느릿느릿 노래하듯 들려주시던 할머니의 옛이야기를 들으며 저는 공상에 빠졌습니다. 주인공의 크고 멋진 집과, 황금 능금을 상상하며 잠이 들곤 했습니다. 뭔가 달콤한 것 같기도 하고, 안심이 되며, 따뜻한 느낌이었습니다.

　전래 동화는 원래 입에서 입으로 구전되어온 이야기입니다. 사람들은 세상의 질서나, 사회 구성원으로서의 책임, 성장 과정에 필요한 지혜들을 이야기를 통해 전해 왔습니다. 그 시대와 문화에 맞는 상식이 이야기꾼의 입맛에 맞게 채색되기도 했겠죠.

　심리학자인 브루노 베텔하임은 『옛이야기의 매력』이라는 책에서 우리가 잘 알고 있는 옛이야기들을 분석했습니다. 이 책에는 백설공주, 빨간 모자, 헨젤과 그레텔, 잭과 콩나무, 라푼젤 등 우리에게 익숙한 옛이야기들이 등장합니다.

　브루노 베텔하임은 정서장애 아동들을 주로 만났던 심리학자인데요, 아동의 발달 과정에서 옛이야기가 갖는 중요성을 이야기하고 있습니다.

　아이들은 성장하면서 중요한 사람들(예를 들어 엄마)과의 관계에서 느끼는 두려움, 공격성 등 자신의 감정을 이해하기 어렵고 압도될 수 있는데요. 이야기를 통해 감정을 이해하고, 무의식적 충동(엄마는 나빠, 진짜 우리 엄마가 아닐 거야! 없어져 버렸으면 좋겠어!)

을 해소합니다. 옛이야기에 등장하는 새엄마나 마녀의 존재는 진짜 새엄마라기보다, 착하고 예쁜 우리 엄마의 또 다른 모습, 즉 분열된 측면입니다. 이야기를 통해 아이는 미운 엄마를 속시원히 벌주고, 좋은 내 엄마를 되찾습니다.

또한 성장 과정에서 겪는 어려움들을 이해하고, 지혜롭게 극복할 수 있도록 내면의 힘을 키울 수 있습니다. 헨젤과 그레텔 이야기는 부모로부터 독립하지 못할 때 맞게 될 운명에 대해 매섭게 알려 줍니다. 세상에 나설 때 닥칠 위험에서 스스로를 지켜낼 지혜의 상징들을 담고 있기도 합니다. 라푼젤의 어머니는 딸의 독립을 방해하는 질투심 많은 어머니의 상징입니다. 그러나 라푼젤은 길고 아름다운 머리카락, 즉 자신의 몸과 지혜를 통해 이러한 갈등 상황에서 벗어나 독립합니다.

브루노 베텔하임은 이렇게 말합니다.

"옛이야기의 비현실적인 면이 바로 옛이야기가 지닌 가장 중요한 장치이다. 바로 그 장치를 통해, 옛이야기는 외부 세계에 대한 유용한 정보보다는 개인의 내면 심리로 관심을 이끈다 … '세 개의 깃털' 이야기의 주인공은 우둔하다고 생각되지만, 무의식과 친근했기 때문에 성공하였고, 반면에 영리함에 의존하는 경쟁자들은 사물의 표면에 고정된 채 남아서 얼간이라는 것이 판명된다. 단순한 동생에 대한 형들의 비웃음 뒤에 그 영리한 형들을 능가하는 얼간이 동생의 성공이 잇따른다. 이 사실은 무의식의 원천으로부터 분리된 의식은 우리를 잘못된 길로 가도록 이끈다는 것을 암시한다."

이런 관점에서 보면 우리는 너무 빨리 이야기를 잃어버리는 것 같습니다. 요즘 아이들은 조기 교육으로 배우는 것도, 미디어를 통해 알게 되는 것도 많습니다. 차별 없이 쏟아지는 온갖 콘텐츠를 접하며 돈과 성공 등 현실 논리에 일찍 눈이 밝아집니다. 그에 비해 옛이야기는 어찌 보면 황당무계하고 단순해 보입니다. 그러나 의식과 무의식에 자리 잡아 마음의 힘을 키워주기도 전에 아이들로부터 이야기를 박탈하고 있는 게 아닐지요.

아이들 뿐 아니라 어른들에게도 이야기가 필요합니다. 소설을 왜 읽는지 이해하지 못하는 분들이 있습니다. 세상에 유용한 정보와 지식을 담고 있는 책이 얼마나 많은데, 이야기책을 읽는 건 심심풀이일 뿐 무익하다고 생각합니다.

좋은 소설을 통해 우리는 세상이 어떻게 돌아가고 사람들이 살아가는지, 마음이 어떻게 흘러가고, 관계가 꼬이고 풀리는지 배웁니다. 좋은 작품에는 그러한 장치가 정교하게 잘 짜여져 있습니다. 마치 주인공이 살아있는 사람같이 입체적으로 묘사되어 내가 겪는 일처럼 조마조마 해지고, 함께 눈물을 흘리게 됩니다.

『죄와 벌』을 읽으며 라스콜리니코프의 번민에 함께 빠져들어 탄식하고, 『보바리 부인』이 타락과 파멸의 길로 뻔히 빠져드는 것을 보면서도, 그녀의 욕망을 마냥 손가락질할 수 없는 나를 발견하기도 합니다.

대인 관계의 어려움을 겪는 분들 중에 어떻게 공감 능력을 키울 수 있는지 궁금해하시는 경우가 있습니다. 여러 가지 방법 중 하나로 좋은 작품(소설, 영화, 드라마를 막론하고)들을 권하고 싶습니다. 작품을 감상하며 이야기 속 인물이 어떻게 성장하고, 어떤 경험을 하는지, 어쩌다 극한 상황에 빠지는지 속속들이 빠져들게 됩니다. 그 과정에서 인물에게 공감하게 됩니다. 마치 상담을 할 때 내담자의 인생 퍼즐을 맞춰가며 그 사람을 조금씩 알아가는 것과 비슷합니다. 잘 이해가 되지 않을 때는 그런대로 대체 그는 왜 그렇게 됐을까, 드러나는 행동에 숨겨진 마음이 뭘까 곰곰이 생각하게 됩니다. 그러는 동안 내가 위로를 받기도 하고, 내 마음을 깊이 이해하게 됩니다.

팍팍한 삶 속에, 서로 단절된 채 지내는 시간이 점점 더 늘어납니다. 우리 마음을 촉촉이 적셔주고, 힘을 키워줄 수 있는 좋은 이야기가 우리에겐 늘 필요합니다. 브루노 베텔하임의 말을 다시 한 번 인용할게요.

"감수성, 상상력, 지성과 같이 서로 상승작용을 하는 내면적 자질들을 개발해야 한다. 긍정적인 감정은 우리에게 이성을 강화할 수 있는 힘을 주며, 미래에 대한 희망은 어쩔 수 없이 부딪혀야 하는 역경

속에서 우리를 지탱시켜 주기 때문이다."

세상에서 가장 귀한 책
나 사용설명서

어릴 적 가을님은 어떤 아이였나요? 무얼 하며 놀기 좋아했고, 어떤 꿈을 꾸었나요? 친구들과 어울리는 걸 좋아했나요?

O님은 지치고 무기력한 기분이 계속되어 상담실을 찾았습니다. 그날이 그날 같은 생활 속에, 맹목적으로 왔다 갔다 하는 좀비처럼 느껴진다고 했습니다. 회사가 딱히 싫은 건 아니지만, 그렇다고 재미있는 것도 아니었습니다. 요즘처럼 힘든 세상에 월급 따박따박 나오는 직장이 있는 것만도 다행이지만, 이렇게 사는 게 무슨 의미가 있나 싶을 때도 있다고 했습니다.

어린 시절 어떤 아이였냐는 질문을 받은 O님은 어머니가 집에 모아 놓으신 물건들을 떠올렸습니다. 거기에는 초등학교 때부터 O님이 써놓은 일기장, 성적표, 상장, 그림 등이 있었습니다.

O님은 주말 내내 그 물건들을 찬찬히 들여다보았습니다. 뭐든 열심히 하고 앞장섰던 O, 친구들과 잘 어울리고 리더십이 있던 O, 노래하고 춤추는 걸 좋아하던 O, 가수 아나운서, UN사무총장 등 꿈 많던 어린 O가 있었습니다.

주말 내내 추억 여행을 하고 온 O님은 잃어버린 장난감을 장롱 구석에서 찾아낸 기분이라고 했습니다. 자신은 호기심도 많고, 하고 싶은 게 많은 아이였다고 했습니다. 선생님 한 분이 어린 O에게 눈빛이 참 반짝거린다고 얘기해 주셨던 기억도 떠올렸습니다.

학창 시절 학교에서 실시했던 심리 검사 결과지들도 찾아내 상담 시간에 가져왔습니다. 몇 년간의 진로 검사 결과를 살펴보니 지금 O님의 직업은 적성에 그다지 잘 맞는 편은 아니었습니다. 무슨 일이든 주어지면 열심히 해내고 그런대로 적응하는 편이어서 큰 문제는 없었지만, O님이 선호하는 분야는 아니었습니다. 그런데 밤늦게까지 야근하는 날도 많고, 다른 취미 생활도 없이 회사만 오가는 단조로운 생활을 하고 있었던 겁니다. 잃어버린 자신을 찾은 것만으로도 설렌다며 O님은 생기가 돌았습니다.

안정적인 직장을 그만둘 수는 없지만, 일 외에 삶의 다른 부분도 생각해 보기로 했습니다. O님은 일단 취미로 하고 싶은 것들을 생각해 보았습니다. 그동안의 경력과 관심사를 살려 재테크와 관련된 유튜브 채널을 운영해보면 어떨까 생각하게 되었습니다.

그리고 자신에게 더 잘 맞는 직무나, 새로운 진로에 대해서도 천천히 생각해 보고 싶다고 했습니다. 삶은 길고, 이 회사에 언제까지 다닐 수 있을지 모르는 일이니까요.

오랫동안 정해진 대로, 주변 사람이나 학교, 회사에서 기대하는 역할에만 충실하게 지내다 보면 어느새 나를 잃어버린 느낌이 들기도 합니다. 애초에 내가 원하는 게 뭔지 별로 생각해 보지 않은 경우도 종종 봅니다. 생각하기도 전에 해야 할 것들이 주어지니까요.

TV와 SNS, 유튜브 등 다양한 미디어를 통해 무엇이 좋은 삶인지, 어떻게 살아야 성공하는지 알려주는 정보들이 홍수처럼 쏟아집니다. 그런데 누구에게나 똑같이 적용되는 성공의 법칙, 행복의 비결이란 게 있을까요. 아무리 자기 계발 서적을 읽어도, 명사의 강연을 들어도 나에게는 별 소용없는 이유가 노력이 부족해서가 아닐지도 모릅니다. 딱 나에게 맞는 '나 사용법'이 아니어서 그렇습니다. 나 맞춤 사용법은 오로지 나만이 만들 수 있습니다.

물론 다른 사람들의 의견을 참고하고, 내게 부족한 측면을 배워야 할 때도 있습니다. 그러나 우리는 너무 침묵 없이, 외부의 소리들에 둘러싸여 살고 있는지도 모릅니다. 때로는 모든 소리를 차단하고 나 자신의 목소리에 귀 기울여야 합니다.

가을님은 상담실에 오셨을 때 이미 내면의 목소리를 찾아 나서는 모험을 시작하셨습니다. 동화 속 주인공들도 귀한 보물을 찾기 위해 깊은 동굴과 안개 자욱한 숲길을 헤쳐가야 합니다. 앞이 보이지 않고, 끝없이 길어 보이고, 무엇을 만날지 몰라 무서운 길이기도 합니다.

자신의 내면을 여행하는 길, 상담의 과정도 이와 비슷합니다. 나를 돌아본다는 것은 그만큼 두렵기도 하고, 막막하게 느껴지기도, 때로는 답답하고 혼란스럽기도 합니다.

가을님, 한동안 상담을 받으며 우울한 기분이 나아지는 듯했는데, 요즘 다시 변한 게 없이 예전으로 돌아간 기분이 든다고 하셨죠. 왜 그런 말씀을 하시는지 알 것 같습니다. 변화와 성장은 한 번에 상처를 도려내는 수술 같은 과정이 아닙니다. 한결같이 상승 곡선만 그리는 정적 기울기의 그래프가 아니라서 그렇게 느끼실 수 있습니다. 오르락내리락하며 나아지는 듯하다가 잠깐 뒷걸음질도 치고, 주춤거리기도 합니다.

우리는 마음속에, 뇌 속에 새로운 길을 만드는 중입니다. 예전에 늘 다니던 길은 익숙하지만 잘못 만들어진 길이어서 불안이나 우울, 분노의 종착지로 우리를 이끕니다. 그걸 알면서도 다른 길을 모르거나 익숙해서 편한 그 길로 가곤 했었죠.

상담을 통해 우리가 내는 새 길은 아직 낯섭니다. 나도 모르게 발걸음이 자꾸 익숙한 옛 길로 돌아가려고 합니다. 그래서 예전의 태도와 습관으로 다시 돌아간 듯 느껴질 수 있어요. 그래도 괜찮습니다. 우리는 헨젤과 그레텔처럼 새 길을 따라 하얀 돌멩이를 하나씩 놓으며 걸어가고 있으니까요. '아차' 하고 잠시 옛 길을 따라가더라도 다시 새 길로 돌아올 수 있습니다. 그렇게 갔다가 다시 돌아오기를 반복하며 새 길에 차츰 익숙해질 겁니다.

가을님은 이미 자신만의 보물을 찾아 용감하게 길을 떠났습니다. 때로는 괴물도 물리치고, 눈속임 함정도 피하여 아름다운 꽃밭과 좋은 길동무도 만나게 될 거예요. 가을님의 여정이 담긴 귀한 책. 당신 사용법이 적힌 지도가 이 모험을 통해 만들어지겠죠. 저도 함께 따라 걸으며 가을님을 응원하겠습니다.

놀다 보면 뭐가 되겠지
계획된 우연

'내가 뭘 좋아하는지, 뭘 하고 싶은지 통 모르겠어요.' 상담을 하면서 종종 듣게 되는 이야기입니다. 대학에 왔는데 전공이 잘 맞지 않아서 힘든 학생들이 있습니다. 전공 공부가 통 재미없고, 그러니 학점을 잘 받기도 어렵습니다. 전공을 왜 선택하게 됐는지 물어보면 취직이 잘 될 것 같아서, 어른들이 권해서 그냥 하게 된 경우가 많습니다.

성인들 중에도 직장생활이 고되기만 하고, 보람을 찾기 어렵고, 재미가 없어서 괴로워하는 경우가 있습니다. 매일 나가서 집보다 오랜 시간을 보내는 직장이 힘들기만 하니 안타까운 일입이다.

좋아하는 게 뭔지 통 모르겠다는 분들과는 진로 검사를 해보기도 하고, 진로 카드를 골라보거나, 브레인스토밍 하듯 어릴 때

뭘 하고 놀기 좋아했는지 탐색해보기도 합니다. 그러다 보면 잊고 있었던 취향이나 적성, 흥미를 찾게 되기도 합니다.

원래 하던 일을 그만두고 상담 공부를 시작하던 무렵에 엄마가 그러셨습니다. '너 고등학교 때 심리학과 가고 싶다고 하더니만, 결국 그 공부를 하는구나.'

저는 까마득히 잊고 있었던 오래전 꿈들을 떠올렸습니다. 대입을 준비하면서 좋아하는 문학을 공부하거나, 사람의 마음을 연구하는 심리학자가 되고 싶었습니다. 그러다 입시 과정에서 어쩌다 보니 희망과는 거리가 먼 행정학을 전공하게 됐습니다. 공부를 해보니 사회과학도 나름 흥미로워서 그럭저럭 졸업을 했습니다. 심리학은 한때의 꿈으로 남은 채 오랫동안 제 삶에서 잊혔습니다.

졸업 후엔 방송작가 생활을 했습니다. 작가로서 만들고 싶은 프로그램은 인간극장 같은 휴먼 다큐멘터리였습니다. 사람에 대한 프로그램을 하고 싶었지만 뜻대로 풀리진 않았고, 교양정보 프로그램 만드는 일을 주로 했습니다. 일을 하며 다양한 사람들을 만나는 것도 큰 재미였습니다. 교양 프로그램을 제작하면서, 논리적으로 정보를 다루고 조직적으로 일하는 훈련을 했습니다. 감성적으로 치우치기 쉬운 제게 부족한 측면을 보완할 기회가 된 셈입니다.

그렇게 10년을 일하고 나니 소진되는 기분이 들었고, 이 일을 평생 할 순 없을 것 같았습니다. 그러던 어느 날 방송 자료를 수집하다 우연히 독서 치료라는 분야를 발견했습니다. '독서'와 '치료'의 만남이라니 어찌나 매력적으로 들리던지요. 독서치료사 자격증을 따며 완전히 쏙 빠져들었습니다. 공부가 이렇게 재미있는 날이 오다니…! 결국 대학원에 진학했고 상담자로 일하게 됐습니다.

예쁜 비즈로 팔찌나 목걸이를 만들어 본 적이 있습니다. 구슬을 꿰다가 마음에 안 들거나, 중간에 끊어지면 비즈를 다시 꿰어 다른 형태로 만들 수 있습니다. 갖고 있던 원석을 조합해 새로운 작품으로 리폼할 수도 있습니다. 상담을 공부하면서 돌아보니 제 삶의 과정이 '언어, 인간, 이야기' 등 몇 가지 키워드로 주르륵 꿰어지는 느낌입니다.

저의 진로발달 과정은 고속도로를 타고 목적지까지 빠르고 일관성 있게 찾아간 경우는 아닙니다. 처음부터 심리학을 공부했다면 지금 더 훌륭한 커리어를 쌓았을지도 모릅니다. 어찌 보면 처음 경로를 잘못 들어서고, 돌아가느라 시간이 걸리고 시행착오를 반복했을 수도 있습니다. 그러나 제가 걸어온 길을 후회하지는 않습니다. 길을 잘못 들기도 하고, 갈팡질팡 돌아가기도 했지만, 그 과정에서 오히려 경치가 아름다운 국도를 타기도 하고, 뜻밖의 맛집도 발견했습니다. 그렇게 가는 길 자체가 여행의 묘미였습니다. 저만이 갖고 있는 경험치가 다른 사람과 다른 고유한 저를 만들었습니다. 그동안 취미로 본 드라마와 영화, 책들 또한 소중한 자산임을 깨달았습니다.

　'계획된 우연(Planned happenstance theory) 이론'으로 유명한 크롬볼츠(Krumboltz)는 삶에서 만나는 우연한 사건들이 진로 발달에 미치는 영향을 연구했습니다. 그의 연구 결과에 따르면, 처음부터 목표를 정하고 계획대로 성공에 이르는 경우는 20%에 불과하다고 합니다.

　우연한 사건이 누구에게나 긍정적이고 의미 있는 기회로 이어지는 것은 아닙니다. '호기심, 낙관성, 끈기, 융통성, 위험 감수' 등의 요소가 있을 때, '우연'이 진로 발달에 긍정적이고 의미 있게 작용합니다. 돌아보면 필연으로 보이는 '계획된 우연'입니다.

　적성에 맞게 구체적인 계획을 세우는 것도 중요하지만, 부딪혀서 뭔가를 하는 과정에서 그다음 나아갈 방향이 보이기도 합니다. 때로는 원하는 대로 인생이 흘러가지 않고, 엉뚱한 곳에서 길을 잃은 기분이 들 때도 있습니다. 그러나 인생에 무익하고 가치 없는 경험은 없습니다. 경험에 마음을 열면 당신이 어떤 사람인지 배울 기회가 생깁니다.

　진로 발달은 평생 동안 성숙해가는 과업입니다. 안정적인 직장을 가졌든 아니든, 살면서 최소한 한두 번 이상 새로운 직업과 진로를 찾아가게 됩니다. 무엇을 하며 살아왔고, 앞으로 어떻게 살아가고 싶은지 계속해서 탐구해 보세요. 당신 인생을 관통하는 키워드가 있을 겁니다. 당신의 모든 경험이 당신을 좋은 데로 데려가 줍니다.

약점보다 강점으로
긍정심리학으로부터

얼마 전 함께 근무하시는 선생님 한 분이 제게 말씀하셨습니다. '선생님도 화를 내세요? 화를 낼 때 어떤 모습일지 상상이 안 돼요.'

이분을 뵌 지는 몇 년 됐지만, 근무하는 요일도 다르고 많은 얘기를 나눠보지 못해서 서로 잘 알지는 못합니다. 상냥한 미소로 인사하고, 가끔 간식 정도 나누는 사이다 보니 뜻밖의 오해를 받았네요. 화를 안 내다뇨, 그럴 리가요. 화들짝 놀란 저는 의혹을 극구 부인했습니다. '저도 당연히 화내죠! 자주 내는 편은 아니지만, 화나면 소리도 치고 막 그래요!'

사실 저는 어렸을 때부터 차분하다, 착실하다는 말을 자주 들었습니다. 아빠도 제게 그런 말씀을 가끔 하셨습니다. '애는 침착해서 나중에 큰일도 잘 헤쳐갈 거야.' 그게 진짜 제 모습인지, 50퍼센트쯤의 진실에 부모님의 확언 기능이 추가되어 점점 더 그런 사람이 되어간 건지 모르겠지만, 그 후로도 그런 얘기를 종종 들었습니다.

그런데, 그런 얘기가 젊을 때는 그다지 반갑지 않았습니다. 책과 만화를 좋아하고 공상에 잘 빠지는 소녀 감성 충만했던 제게 '침착한, 착실한 아이'라는 형용사는 어쩐지 '재미없는, 지루한' 같은 얘기로 들렸거든요. 피터팬의 톡톡 튀는 팅커벨보다 웬디처럼 느껴졌다고 할까요.

청소년기에 한창 전혜린이라는 작가에 빠졌던 적이 있었습니다. 『그리고 아무 말도 하지 않았다』라는 에세이와, 루이제 린저, 헤르만 헤세 등의 번역 작품을 남기고 서른하나 나이에 자살로 생을 마감한 작가입니다.

그분이 묘사한 독일의 레몬빛 가스등과 문학 이야기에 반해서 『생의 한가운데』를 읽었고, 고교 시절엔 독일에 가서 독문학을 공부하겠다는 꿈을 꾸기도 했습니다. 참고로 전 독일어라고는 배워본 적도 없습니다. 아무튼 철부지였던 저는 자살이라는 선택에 이르기까지 그분의 고통을 이해하기보다는 불꽃같은 천재의 삶을 동경했습니다. 그에 비해 저라는 사람은 참 평범하다 못해 재미없는 사람이 아닐까 의구심을 품고 있었습니다.

2000년대 들어 마틴 셀리그만(Martin E.P. Selligman)과, 미하이

칙센미하이(Mihaly Csikszentmihalyi) 등을 중심으로 '삶을 가치 있게 만드는 긍정적인 측면'에 초점을 두는 관점이 대두되기 시작했습니다. 인간의 심리적 취약성이나 병리보다는 긍정적인 측면에 관심을 갖고 연구하는 '긍정심리학'입니다. 인간의 부정적인 면을 제거한다 해도 그것만으로는 행복해지지 않는다는 사실에 주목하고, 능력을 최대한 발휘할 수 있는 심리적 조건을 연구하는 분야입니다.

한편에선 긍정심리학이 현실에 존재하는 문제와 고통을 외면하게 만든다는 비판적인 관점도 있습니다. 그러나 문제와 취약성에만 몰두하다 보면 자칫 인간을 전체적으로 균형 있게 바라볼 수 없습니다. 상담을 하면서 늘 느끼지만, 아무리 약해져 있는 것처럼 보여도 사람은 누구나 그만의 힘과 자원을 반드시 가지고 있습니다. 때론 본인도 잘 알아채지 못하는 원석을 다듬고 빛내 충분히 자신의 것으로 만들도록 돕는 일이 상담 과정에서 이루어져야 합니다.

성격의 모든 측면은 동전의 양면과도 같습니다. 나를 위축되게 하는 콤플렉스가 뒤집어서 관점을 달리해 보면 나를 돋보이게 만들고 강력한 무기가 되어줄 강점이 될 수 있습니다.

학업을 마치고 상담자로 처음 취업했을 때, 일자리를 제안해준 선배가 그런 얘기를 해주었습니다. '선생님의 차분한 태도가 불안정하고 기복이 심한 청소년들에게 안정감을 줄 것 같아요.' 오랫동안 품고 있던 콤플렉스가 장점이 될 수 있구나 깨달았습니다.

이만큼 나이를 먹고, 마음공부를 하다 보니 스스로 은근히 구박했던 '침착하고 착실한'이라는 측면을 즐기고 이뻐할 수 있게 되었습니다.

사실 좋기만 한 성격도, 나쁘기만 한 모습도 없습니다. 이렇게 보면 도움이 되고, 다른 장면에서는 부정적인 얼굴로 드러날 수 있습니다. 조금 더 일찍 제 성격을 있는 대로 수용할 수 있었다면 좋았을 텐데, 그랬다면 젊은 시절에 연애도 더 신나게 하고, 삶을 더욱 자유롭게 즐길 수 있지 않았을까 아쉬움이 남습니다.

가을님이 남몰래 품고 있는 콤플렉스를 떠올려 보세요. 그리고 그 성격에 다른 이름을 붙여보세요. '소심함의 다른 이름은 신중함, 예민함은 섬세함, 다혈질은 열정, 눈치 보기는 배려, 변덕스러움은 호기심'처럼 말이죠. 당신의 콤플렉스가 숨겨진 강점일지도 모릅니다.

나 없는 내 인생
죽음 앞에 원하는 것

　요즘 재미있게 보고 있는 〈루시퍼〉라는 드라마가 있습니다. 인간의 모습으로 살고 있지만 원래 정체는 악마인 루시퍼에겐 사람들의 욕망을 끌어내는 능력이 있습니다. 이태리 축구선수처럼 섹시한 루시퍼가 이글거리는 눈빛으로 '당신이 진짜 원하는 게 뭐지?' 하고 물으면 백발백중 본심을 털어놓게 됩니다. 극 중 루시퍼는 경찰을 도와 용의자를 심문하는 데 이 능력을 사용합니다. 그런데 질문을 받고 루시퍼에게 고마워하는 이들도 있습니다. 악마의 질문을 통해 스스로도 미처 몰랐던 열망을 깨닫게 된 겁니다. 드라마를 보면서 생각해 보았습니다. 루시퍼가 물어온다면 나는 과연 뭘 바란다고 답할까. 마음 깊이 진정 원하는 것을 나는 알고 있을까?

오래전 함께 공부하던 지인들과 영화를 보고 집단상담 형식으로 소감을 나눈 적이 있습니다. 〈나 없는 내 인생〉이라는 영화였는데요. 23세의 여주인공 앤이 시한부 판정을 받게 되면서 죽기 전에 하고 싶은 일들을 하나씩 이루어보는 내용입니다.

1. 딸들에게 매일 사랑한다고 몇 번씩 말해주기
2. 남편에게 어울릴, 아이를 좋아하는 새 아내 찾아주기
3. 아이들이 18살이 될 때까지 생일 축하 메시지 녹음하기
4. 다 같이 힐리비 해안으로 소풍 가기
5. 하고 싶은 만큼 담배 피우고 술 마시기
6. 내 생각을 있는 그대로 얘기하기
7. 다른 남자와 사랑하는 것이 어떤지 알아보기
8. 누군가 날 사랑하게 만들기
9. 감옥에 계신 아빠 면회 가기
10. 손톱 관리받기, 머리 모양 바꿔보기

앤의 리스트에서 어떤 것이 눈에 들어오시나요. 엄마인 앤은 '나 없는 내 인생'에 남게 될 아이들이 가장 눈에 밟혔던 것 같습니다. 해마다 엄마 없이 생일을 맞고, 잠들기 전 사랑한다고 말해주며 뽀뽀해줄 엄마가 없을 딸들에게 한꺼번에 몰아서 마음을 전하고자 합니다.

17세에 덜컥 엄마가 된 앤은 해보고 싶었던 것도 참 많았을

테지요. 손톱 관리받기, 머리 모양 바꾸기 같은 소박한 꿈을 꿉니다. 여자들이 기분 전환을 하고 싶을 때 한 번씩 시도해 볼 만한 것들입니다. 당장이라도 할 수 있을 것 같은, 크게 어렵지 않아 보이는 일들이지만 아이를 키워본 엄마들은 아실 거예요. 큰맘을 먹지 않으면 그런 작은 여유조차 쉽게 허락되지 않는다는 걸요. 게다가 밤이면 청소부로 일하며 넉넉지 않은 살림을 꾸려가는 앤에게 나를 위해 돈과 시간을 투자하는 건 사치로 느껴졌을지 모릅니다.

철없는 풋사랑으로 시작된 결혼 생활이지만 앤은 남편과 아이들을 사랑했고 고단한 삶을 씩씩하게 감당했습니다. 참 만만찮은 무게였을 텐데요. 하지만 죽음을 앞두고는 자신을 위한 삶을 살아보기로 합니다. 신나게 정신줄 놓고 놀아도 보고, 나를 죽도록 사랑하는 남자와 뜨거운 연애도 하고 싶어집니다. 그리고 누구 눈치 보지 않고 내 마음을 있는 그대로 표현해보기로 합니다. 그동안 앤이 어떻게 살아왔을지 짐작됩니다.

생각해 보면 앤의 리스트는 사랑으로 가득 차 있는 것 같네요. 가족에 대한 사랑, 여자로서의 사랑, 그리고 나 자신을 충분히 사랑하기.

영화를 본 후 지인들과 3개월 후 죽음을 맞게 된다면 무엇을 하고 싶은지 리스트를 작성해 보았습니다. '가족과 시간 보내기, 춤 배워보기, 가보고 싶었던 곳으로 떠나기, 그리운 사람 만나기,

하지 못했던 말 전하기' 같은 얘기들이 나왔습니다.

죽음을 가정하고 만든 버킷리스트는 오히려 소박해 보였습니다. 마음만 먹으면 당장이라도 실행할 수 있는 것들이 많았습니다. 죽음을 앞두면 하고 싶은 것을 지금은 왜 못하는지 얘기해 보았습니다. 우리 앞에 남은 시간이 많을 것 같아 당장 급하지 않다고 생각하고 있었더군요. '언젠가 할 수 있겠지' 하면서, 당장의 필요와 중요성에서 나중 순위로 미뤄진 것들이었습니다.

상담을 하면서 내담자들과 버킷리스트를 만들어볼 때가 있습니다. 특히 새해를 맞아 만들어보는 목록은 파이팅을 절로 외치게 하는 다짐들로 넘칩니다. 올해는 꼭 다이어트를 해서 비키니를 입겠다, 한 달에 1권 이상 책을 읽겠다, 돈을 얼마 모으겠다, 시험에 합격하겠다 등등. 꿈에 가까이 다가가게 해 줄 목표를 구체적으로 만들어보는 것은 삶의 동력이 되지요.

그런데 마무리하기 전에 잠깐 멈추어 한 번 살펴보세요. 당신이 적은 것들이 온통 해야 할 일들로만 가득 찬 과제물 목록은 아닌지요. 나를 웃게 하고 신나게 만들어줄 일, 삶을 충만하게 느끼게 해 줄 일, 죽음을 앞에 두고 원할 일들도 포함되어 있나요.

죽음 앞에 떠올리는 일인데, 올해의 버킷리스트에도, 오늘의 할 일에서도 늘 빠져 있다면 우리는 누구를 위한 삶을 살고 있는 걸까요.

271

어쩌면 루시퍼는 최고의 상담자일지도 모르겠습니다. 상대가 원하는 게 뭔지 단 한 번의 질문으로 깨닫게 만드니까요. 저는 그런 능력은 없으니 여러 차례 반복해서 여쭤보곤 합니다.

'만약 마법이 일어나 당신이 원하는 대로 이루어진다면 어떻게 되기를 바라시나요? 원하는 것을 가로막는 장애물은 무엇일까요? 원하는 것을 이루기 위해 무엇을 시도해 보았나요? 당신이 정말로 원하는 건 무엇인가요?'

나에게 자비로운 어른 되기
자기 수용의 힘

상담에 오시는 많은 분들이 자신감이 부족하다고 하십니다. 어떻게 해야 자신감이 생기는지 묻기도 하시고요. 어떤 분들은 능력이 부족하거나, 외모가 만족스럽지 못해 자신감이 부족할 수밖에 없다고 하십니다.

'근자감'이라는 말 들어 보았나요. '근거 없는 자신감'의 줄임말이라는데요. 자신감은 넘치는데 당사자를 뺀 누가 봐도 이유를 알 수 없는 경우를 말한다고 합니다. 이 말은 자신감을 가지려면 어느 정도 남들도 인정해 줄 만한 근거가 있어야 한다는 전제를 내포하고 있습니다.

지나친 허세로 느껴지는 경우가 아니라면, 누가 알아주지 않아도 자신감을 갖고 사는 게 나쁠 게 없습니다. 세상 사람들은 자신감을 가지라고 말합니다. 내가 나를 믿어야 남도 나를 신뢰할 마음이 생긴다고 합니다. '이제부터 자신감을 갖자, 파이팅!' 외치면 자신감이 쑥쑥 자라준다면 얼마나 좋을까요. 그런데, 자신감을 갖는다는 게 말처럼 쉬운 일일까요. 자신에 대한 긍정적인 느낌은 외모를 가꾸고, 높은 성취를 하지 않으면 획득 불가능한 걸까요.

능력이나 외모, 성취 등도 자신감에 영향을 미칠 수 있습니다. 그러나 이러한 조건들은 상대적일 수밖에 없습니다. 비교할 대상, 평가하는 상황에 따라 어떻게 바뀔지 알 수 없죠. 아무리 채워도 그다음이 있고, 애를 써도 나보다 나은 사람이 있기 마련입니다.

어떤 조건이 충족되어야 하는 게 아닌, 그저 나 자신에 대해 편안한 마음이 필요합니다. 이러한 마음 자세를 위해 '자기를 있는 그대로 수용하는 태도'가 필요합니다.

놀이 치료의 원로이신 한 선생님께서 그런 말씀을 하셨던 기억이 납니다. '똑똑하고 차가운 엄마보다는, 내 새끼 내 새끼 하며 물고 빠는 엄마가 낫지.' 아이를 물고 빠는 엄마의 사랑은 무조건적입니다. 아이가 객관적으로 예쁘거나 뛰어나서 사랑하는 게 아닙니다. 내 아이라서 그냥 예쁜 겁니다. 아이가 하는 모든 일 ─ 알고 보면 평범하지만, 순간순간 경이로운 일들. 배냇짓과, 걸음마, 아이가 하는 모든 일들과 말들 ─ 에 감탄하지 못한다면 그 엄마의 사랑하는 능력은 손상된 것입니다. 아마도 엄마 역시 어린 시절 그런 관심을 받아보지 못했거나, 지금의 환경이 엄마를 보호해 주지 못하고 있을 겁니다.

아이가 자라면서 엄마도 욕심이 생깁니다. 다른 아이와 비교하는 마음이 일어날 때도 있고, 세상에 적응시키기 위해 조급해지기도 합니다. 시기에 맞는 적절한 교육도 필요하고, 따끔한 훈육이 필요할 때도 있습니다. 그러나, 이러한 모든 과정 속에서도 아이를 있는 그대로 소중하게 아낍니다. 공부를 잘할 때만, 이쁜 짓을 할 때만이 아니라, 어떤 모습이어도 내 아이에게 눈길을 주고 안아줍니다.

나 자신에 대해 필요한 마음도 있는 그대로 수용하는 것입니다. 괜찮은 점도, 못마땅한 점도 있지만 그런대로 받아들이는 것, 그럴 수 있다고 인정하는 것입니다. 자기 수용이 되면 편안하고 여유로운 마음이 됩니다. 스스로 좋아하는 점이 있어 즐길 때도 있지만, 그 때문에 대단한 사람인 양 뻐기지도 않습니다. 모자란 점도 있음을 알기 때문입니다. 부족한 것을 채우고, 조금 더 성장하기 위해 노력하더라도 치명적인 약점으로 여겨 들통날까 두려워하지 않습니다. 못난 점이 없는 척하느라 애쓰고 긴장하지도 않습니다. 단점도 장점도 있지만, 누구나 그렇고, 나도 그렇기에 비참하지도 대단하지도 않습니다.

객관적으로 볼 때도 능력이 뛰어나거나, 외모도 출중한데 스스로는 늘 부족하다고 여기는 분들이 종종 있습니다. 아무리 괜찮다고 얘기해도 믿지 못하고, 성취를 해도 항상 부족하게 느낍니다. 실수를 하거나, 잘 못해낼까 늘 안절부절못합니다.

'만약 다른 사람이 실수를 한다면 당신은 뭐라고 할까' 물으면, 다른 사람은 실수해도 괜찮다고 합니다. 타인에겐 너그러울 수 있지만, 나에겐 안 되는 이유가 뭘까요.

반대로 우월함을 과시하고 싶은 욕구가 지나쳐 거부감을 불러일으키는 경우도 있습니다. 당당한 것과는 다릅니다. 자신감이 넘쳐 보이지만, 조금이라도 부정적인 피드백을 받으면 견디기 힘들어하고 늘 관심의 중심에 서고 싶어 합니다.

어린 시절 우리는 누구나 공주님, 왕자님인 시기를 거쳐야 합니다. 특히 유아기에는 내가 세상의 중심이고, 무조건 멋지다는 착각에 빠져 사는 것이 정상입니다. 발달 과정에서 이런 시기를 제대로 거치지 못하면 깊은 열등감이 무의식 속에 자리 잡을 수 있습니다.

아이가 자라면서 이러한 열등감을 극복하지 못하거나, 혹은 열등감을 보상하고자 지나치게 애쓰다 병리적 자기애에 빠지기도 합니다. 과잉 보상을 하는 거죠. 불편할 정도로 웅대한 자기도취에 빠진 사람이 사실 스스로도 인식하지 못할 만큼 깊은 열등감을 갖고 있을 수 있습니다. 언제 깨질지 모르는 아슬아슬한 자신감이기 때문에 조금의 비판에도 균열이 가고 민감할 수밖에 없습니다.

허울뿐인 과장된 자신감도, 열등감과 자기 비난도, 극과 극인 것 같지만 알고 보면 스스로를 있는 그대로 받아들이지 못하는 결핍된 마음입니다.

자기 수용을 위해서는 채우기보다 내려놓기가 필요합니다. 완벽할 필요가 없다는 사실을 받아들이는 데서 시작됩니다. 사랑받고 인정받기 위해 끝없이 노력해야 하는 조건이 아니라, '모든 인간은 부족한 점이 있고, 그럼에도 불구하고 받아들여질 수 있다. 나 또한 그렇다'는 사실을 받아들이는 것, 그것이 자기 수용입니다. 자기 수용이 가능하면 타인에 대한 수용도 가능해집니다. 나와 다르거나 낯설어도, 못마땅한 점이 있다 해도, 내가 그렇듯 남들 또한 그럴 뿐임을 압니다.

어린 시절 있는 그대로의 수용과 지지를 경험하지 못하셨다고요. 우선 그런 사실을 받아들이기 힘들 수 있습니다. 억울하고 슬픈 마음도 생길 수 있습니다. 과거의 나에게, 그런 느낌을 품고 있는 스스로에게 충분한 위로와 공감을 보내주세요.

'내가 힘들만했다, 그땐 몰랐지만 내 잘못이 아니다. 내가 부족해서가 아니다. 부모님이 제대로 사랑할 줄 모르셔서 그랬다'

상처받고 겁내는 마음속 아이에게 자상한 어른이 그러하듯 따뜻하게 대해 주세요.

'그럴 수 있어. 많이 속상했지. 그래도 괜찮아. 다 괜찮아.' 그렇게 말이죠.

나를 있는 그대로 자비롭게 바라봐주고, 당연히 받아야 할 수용과 지지를 보내주세요. 내가 나에게 좋은 어른이 되어 주세요.

나의 모든 가을님에게

그동안 상담실에서 만났던 분들의 얼굴을 떠올려 봅니다. 어떤 분들의 사연은 초반부터 비교적 선명하게 뭐가 문제인지, 어떻게 하면 좋을지 드러나기도 합니다. 어떤 경우는 이거 어쩌나, 쉽지 않겠다 싶어 마음이 무겁습니다. 때로는 어떻게 풀어가야 할지 막막하게 느껴질 때도 있습니다. 상담받는 당사자의 혼란이 커서 꼬인 매듭같이 복잡한 경우도 있습니다. 하지만 이런 경우라도, 지루한 과정을 버티고 함께 할 수 있다면 어떻게든 방법을 찾으려 할 겁니다.

찰리 맥커시(Charlie Mackesy)의 『소년과 두더지와 여우와 말』이라는 아름다운 그림책에 이런 구절이 있습니다.

"네가 했던 말 중 가장 용감했던 말은 뭐니?" 소년이 물었어요.
"도와줘"라는 말. 말이 대답했습니다.

많은 분들이 어디서도 털어놓지 못한 힘든 속내를 들려주셨습니다. 큰 용기를 내어 상담실에 찾아와 주시고, 길고 힘겨운 시간을 지나 놀라운 지혜와 힘을 발견하십니다. 상담을 하며 오히려 제가 더 배우게 됩니다. 깊은 존경과 감사의 마음을 전합니다.

글을 쓰면서 마음 한 편에 떠나지 않는 생각이 있습니다. '이렇게 해보세요, 저렇게 해보시죠' 하는 조언들이 자칫 울림 없는 잔소리가 되지 않을까 하는 걱정입니다. 상담은 지극히 개인적인 작업이라, 묵은 감정들이 드러나 스스로 이해되는 과정과 함께 변화가 일어납니다. 그래서 일면식도 없는 당신께 이렇게 드리는 말씀들이 얼마나 도움이 될지 의구심이 들기도 합니다. 그러나 욕심을 내려놓고, 그저 어느 한 구절이라도, 오늘의 당신께 철썩 가 닿는 구석이 있기를 바랍니다.

가을님께 드리는 이 글들은 저 자신에게 들려주는 이야기이기도 합니다. 여전히 흔들리고 부족한 저에게 스스로 하는 다짐이기도 합니다.

'훈습'이라는 단어가 있습니다. '좋은 향을 배게 하면 그 향기가 풍기는 것처럼, 신체와 언어, 마음으로 노력하여 그것이 마음에 잔류하게 됨'을 일컫는 말이라고 합니다. 상담을 통해, 또는 책을 읽으며 알게 된 것들이 내 것이 되려면 '훈습'의 과정이 필요합니다.

감정도 태도도 습관이 듭니다. 잘 사라지지 않고 변화되지 않는 어려움은 오랜 세월 함께 하며 나의 일부가 된 마음의 습관들입니다. 불안한 성격의 사람은 쉽게 불안의 길로 빠져듭니다. 오랫동안 우울하게 지내왔다면 언제든 다시 우울해질 수 있습니다. 변화한다는 건 마음에 새로운 습관을 만드는 일입니다. 새로운 감정과 태도도 단번에 익숙해지지 않지만, 새 구두를 신을 때처럼 하루 신고 쉬었다 다시 신어 길들이다 보면 익숙해져 결국 내 것이 됩니다.

저를 믿고 함께 해주셨던 분들, 소중한 시간과 마음을 내어 이 글을 읽어주신 모든 가을님들께 깊이 감사드립니다.

이렇게라도 제 마음을 날려 보내면 혹시라도 가 닿지 않을까요. 소중한 인연 맺은 모든 분들, 부디 건강하시기를, 언제나 평안하시기를, 어디서나 행복하시기를 기원합니다.

감사의 말

삶의 고비마다 함께 해주시고, 늘 응원해주시는 좋은 분들께 감사드립니다.

기쁜 일에 나보다 더 기뻐해주는 소중한 친구 정은, 멋진 인생 멘토 현주 언니, K4(강윤, 정진, 순주)와 마음길(정혜, 지현, 미선, 정은, 문주) 동료들, 그리고 곤희, 현구, 은하, 보경, 경희, 윤정… 제 삶의 선물 같은 우정에 감사드립니다.

배움의 길에서 든든한 버팀목이 되어주시는 최해림 교수님, 김지현 교수님, 그리고 박미진 선생님과 동문 선후배님께도 늘 감사드립니다.

'아낌없는 주는 나무'처럼 한결같이 베푸시는 부모님, 끝없는 헌신과 사랑을 어떻게 말할 수 있을까요. 일도 배움도 당신들의 도움이 없었다면 꿈꾸기 어려웠을 겁니다. 마음 깊이 감사드립니다.

　가장 가까이서 든든한 친구가 되어주고 기쁨을 주는 사랑하는 동생 윤정, 보기만 해도 웃음이 나는 사랑스러운 준영이, 우리 아들의 대부가 되어준 제부에게 사랑을 전합니다. 늘 응원해주시고 사랑해주시는 시부모님과 예나, 서연이 댁에도 감사 마음 전합니다.

　나의 여보 정환씨, 당신이 믿어주고, 응원해주고, 아껴주어 용기를 낼 수 있었습니다. 나이 들수록 더욱 깊어지는 당신의 사랑에 늘 감사하고 사랑합니다.

　소중한 우리 아들 현호, 엄마의 도전이 너에게도 희망이 될 수 있기를. 네가 가는 길에 기쁨과 행복이 있기를. 항상 응원하고 축복해, 그리고 사랑해!

마음이 마음대로 안될 때
—나의 가을님에게

발행일 1쇄 2021년 11월 10일
지은이 이경애
펴낸이 여국동

펴낸곳 도서출판 인간사랑
출판등록 1983. 1. 26. 제일 – 3호
주소 경기도 고양시 일산동구 백석로 108번길 60 – 5 2층
물류센타 경기도 고양시 일산동구 문원길 13 – 34(문봉동)
전화 031)901 – 8144(대표) | 031)907 – 2003(영업부)
팩스 031)905 – 5815
전자우편 igsr@naver.com
페이스북 http://www.facebook.com/igsrpub
블로그 http://blog.naver.com/igsr
인쇄 하정인쇄 **출력** 현대미디어 **종이** 세원지업사

ISBN 978 – 89 – 7418 – 856 – 6   03810